U0024853

新世紀叢書

當代重要思潮・人文心靈・宗教・社會文化關懷

四種愛

親愛・友愛・情愛・大愛

C. S. LEWIS

牛津大學 文學、神學大師 魯易斯——著
梁永安——譯

沒有一種愛不攜帶著恨的種子，
如果人讓愛成爲他生活的最高主宰，
恨的種子就會發芽滋長。
然後它就會成爲神，成爲魔。

THE FOUR LOVES

爲現代人的靈魂提供一面鏡子，照見人類愛的力量與脆弱。——《紐約時報》書評

作者◎C. S. Lewis
譯者◎梁永安

《四種愛》為現代人的靈魂提供一面鏡子，照見人類愛的力量與脆弱，堪稱經典之作。

——紐約時報書評

◎一本用靈魂寫成的書《四種愛》（摘要）

有所求的愛與無所求的愛

在人類愛之中，會自封為神的，倒不是那些我們稱之為「低層次」的愛，反而是那些我們稱之為「高層次」的愛。這在男女之愛的領域尤其明顯：說起話來聲音特別像神的情人，不是那些因對方美色

而生愛戀的人，反而是那些對對方懷抱真正犧牲奉獻精神的人。（頁9）

我們的「有所求的愛」可能是貪婪的、不饜足的，但最少它們不會自封為神。它們和上帝太不肖似了，以致它們根本不敢奢望當神。（頁10）

一個抱持「有所求的愛」的男人，會對他的愛人說：「沒有妳，我活不下去。」一個抱持「無所求的愛」的男人所期望的，是給他的愛人幸福、快樂、保護和（可能的話）財富。但一個抱持「激賞之愛」的男人，則會用敬拜的眼神，屏息靜氣地注視著他的愛人。（頁21）

人愛自己的城邦

「人愛自己的城邦，不是因為它偉大，而是因為它是自己的。」真正愛國的人，即使自己的國家走向衰敗，甚至成為廢墟，仍會愛之如故。（頁53）

邪惡總是與自欺亦步亦趨。一旦國家戴上正義的面紗，那再令人髮指的戰爭暴行都可以振振有詞。愛國主義要能保持自己的榮耀，就要始終謹記自己只是一種情感，而非正義的使者。我們可以把戰爭視為是英雄事業，但是不能視之為聖戰。我們可以把為國捐軀的人視為英雄，但不應視之為殉道者。（頁37）

愛情是最肖神的一種愛

婚姻像是一篇沖淡的散文，它的家常性格讓偶像化顯得荒謬不經。在我看來，愛情雖然真的易於讓人流於偶像膜拜，但戀人會去膜拜的偶像，並不是對方，而是愛情本身。（頁133）

在各種人類愛中，愛情的短命是惡名昭著的。愛情明明是最短命的一種愛，但它偏偏最喜歡作地久天長的承諾。沒有一個身在愛情中的人不會作出地久天長的承諾。（頁135）

親情是一種很謙卑的愛，從來不會裝腔作勢

「讓平凡無華的臉留在家裡吧。」我們所依戀的人，往往也是以有著一張平凡無華的臉者居多……我們很少會誇示自己所親愛的人，

如果親愛之情常常被大聲掛在嘴邊把它宣之於眾，就好比把家裡的舊沙發搬到大街上展示一樣。（頁45）

在所有的人類愛中，親愛之情可以說是最不講究、最具有包容性的。（頁48）

很多時候，家庭的不快樂不但不是愛的欠缺所引起，反而是愛的過剩所造成。親愛之情是一把兩面刃，它既可以為善，也可以為惡。如果你任憑它蔓延，它就會讓生活變得惡質化、暗淡化。（頁50）

朋友之愛足以把人提升到神祇或天使的高度

友情不受本能、義務和嫉妒的羈絆，可堪稱為一種不屬世的愛。天使與天使間的愛，與友情很可能是同一種。（頁90）

嫉妒心在攻擊一樣事情的時候，總是會找它最脆弱的部分下手，所以，嫉妒者的批評，也總是最接近於事實。

為什麼統治當局會不樂見真正的友誼發生在它的臣民之間。（頁92）

一個朋友的認同，抵得過上千個外人的質疑。（頁93）

恩慈

聖經上說：「愛是恆久忍耐，又有恩慈；愛是不嫉妒；愛是不自誇，不張狂，不作害羞的事，不求自己的益處，不輕易發怒，不計算人的惡……」

沒有恩慈這種屬天之愛的扶持，親情、友情和愛情都無法長保甜美。（頁141）

〈序〉明辨愛的真相
關於魯易斯(C. S. Lewis)及本書

輔仁大學宗教研究所教授
武金正

愛不是一個觀念，而是人生體驗的事實，每個人或多或少都有愛的經驗。然而，愛的現象有千變萬化的面目，這亦使愛的現象既豐富且複雜。我們會很驚訝一個殺人不擇手段的犯人，竟被其親人讚美他是一個好丈夫或好父親；又或者一個殘殺了三、四百萬同胞的前赤柬首領波帕(Polpot)，會受其同黨讚美他是一個愛國英雄。到底這其中發生的是什麼？什麼才是真正的愛？這正是魯易斯《四種愛》(1960)整體關心的課題。

＊ ＊ ＊ ＊

無論是摯愛之情、友情或是愛情中，其愛的現象都有多義性(ambiguity)，我們只能從博愛(charity)的理想辨別它們，並給予其真面目。博愛是上帝的愛在時空中的表達，於是，魯易斯從最低層面的愛開始，分別為有所求的愛(need-love)和無所求的愛(gift-love)。有所求的愛是人自我為中心的愛的現象，這是人本能的需要。然而，當有所求的愛(need-love)成為需求之樂(need-pleasure)，就給任何奢侈與惡行打開大門。但是，另一方面有所求的愛也能帶領我們體驗真正的、更高貴的愛。友誼與愛情的多義性亦復如此。

＊ ＊ ＊ ＊

魯易斯是二十世紀一位傑出的學者、作者及神學家。一八九八年十一月二十九日，誕生於北愛爾蘭的貝爾法斯特，早在十三歲時，魯易斯就開始嘗試寫作。一九一六年進入牛津大學，畢業後便開始了他在牛津數十年的教學和寫作生涯。他的家庭本來自傳統的基督教信仰，在青少年時期接觸了北歐神話，開始探索神秘主義的靈異世界，其後漫長的一段時間，他進入了無神論的思想中。

在經驗不斷擴充的同時，魯易斯發現自己所崇拜的至理在生活的檢證中，一層層地顯出它們不足夠的地方。一九三一年，在尋尋覓覓的信仰道路上，終於在信心的一躍中，他向神交出對自我的主權，跪下禱告，承認神的存在，並開始體味真理裡的自由。此後，基督宗教的信仰深深地影響了魯易斯一生著作中的思想和信念。

* * * *

一九三三年魯易斯出版了第一本半自傳式的小說《天路回歸》（*Pilgrim's Regress*），這本小說主要寫人在經歷一生中感性與理性的試驗後，覺悟到只有神才能滿全人內心深處的渴望。一九四七年出版的《神蹟》（*Miracles*）指出所有神話都是要解說神聖真道。一九五五年出版的《驚喜之旅》（*Surprised by Joy*），是魯易斯前半生的傳記，是從自己不信神到認識神的坦誠自剖。魯易斯的思路明快有力,喜好嚴密的辯證法,從《人的見棄》（*The Abolition of Man*, 1943）、《地獄來鴻》（*The Screwatape Letter*, 1942）,到《如此基督教》（*Mere Christianity*, 1952）都表現出其思辯之清晰縝密。此外，魯易斯的科幻小說與兒童文學都充滿基督宗教的人文色彩，它們敘述有愛有恨的人間，有美有醜的生命，但總是鼓勵人要有信心勇敢活下去。這些溫暖的作品在今天依然滲潤著世界各地成千上萬成人與小孩的心靈。

* * * *

魯易斯有一批深相交契的好友，時而切磋砥礪，他們每週定期聚會，每次聚會時由一位宣讀他即將發表的文章，其他人則提出問題及改進建議，這些朋友對魯易斯的影響非常深遠。魯易斯於一九五六年與美國詩人戴嬌依(Joy Davidman)結婚，時年五十六，半年後嬌依因癌症末期住院，並於一九六〇年逝世。這段婚姻成為魯易斯一生中皈依基督宗教外，另一影響重大的事件，嬌依去世三年後，魯易斯亦因哀慟而辭世。這一段戀愛經歷及喪妻之痛不只使他的信仰更形篤堅，也使得他的感性更強，回想的事情更多，創作力更大。

* * * *

愛自身是神聖的，而達到神聖，通常有三個路徑：肯定、否定和超越。肯定是從下而上的路程，這樣更高的理想才有基礎，因此，魯易斯提出一個原則：

至高總是與至低形影相隨(the highest does not stand without the lowest)·,否定是有批判性的，它使愛的現象能突出其意識形態的片面，魯易斯的判準是··愛從它膨脹為神的那一剎那開始，就會淪落為魔(love begins to be a demon the moment he begins to be a god)。而超越就是上述兩條路徑之調整·,愛能使人與神接近,不只因「舉步向祂」(approach)而接近,也因與祂肖似(likness)而接近。

* * * *

《四種愛》是在魯易斯對愛產生更深刻的人生體驗後所留下的思想筆記。它不但描述了不同種類的愛，更重要的是讓我們學習如何辨別真愛，它是認識愛的一本重要讀物，在裡面魯易斯特別給了我們非常寶貴的洞見，能成為讀者生命的格言。

四種愛

【目錄】全書總頁數200頁

2

親愛：依戀、親愛之情 41

摘要：

・讓平凡無華的臉留在家裡吧，而親愛之情所擁有的，正是一張平凡無華的臉。

・如果人一任愛成為他生活的最高主宰，恨的種子就會發芽滋長。它會成為神，成為魔。

3

友愛：朋友之愛 71

摘要：

・戀人是臉對臉的，朋友是肩並肩的。

・戀人以無遮的身體相向，朋友則以無遮的人格相向。

・本身沒有東西可與別人分享的人，不可能分享到別人什麼。那裏都不打算去的人，也不可能有人願意當他的旅伴。

〈導言〉

「無所求的愛」和「有所求的愛」

GIFT-LOVE AND NEED-LOVE

愛，從它膨脹為神的那一剎那開始，
就會淪落為魔。

「有所求的愛」可能是貪婪的、不饜足的，
但最少它們不會自封為神。

「上帝是愛。」

剛下筆寫此書的時候，我原以為藉著聖約翰上述箴言之助，就可迅速解開「愛是什麼」這個謎。我本認定，人類的愛，如果配稱為愛的話，就應該和上帝的愛肖似。我曾把人世間的愛區分為兩種，稱其中一種為「無所求的愛」（Gift-love），稱另一種為「有所求的愛」（Need-love）①。「無所求的愛」典型地體現在父親對子女的愛：子女的未來明明是父親所無法參與的，但他們仍然心甘情願，為子女未來的幸福而辛勤工作、儲蓄和籌謀；「有所求的愛」的典型則是嬰兒對母親的愛：嬰兒會對母親伸出雙手，是在他們備感孤獨或受到驚嚇之時。

到底是「無所求的愛」還是「有所求的愛」更肖似上帝的愛，不言自喻。上帝一無所缺，所以也一無所求。另一方面，又有什麼比我們對上帝的愛，更可以道道地地被稱為一種「有所求的愛」的呢？「有所求的愛」是我們人類的專利，是一種——正如柏拉圖所言——「因匱乏而生的產物」（the son of poverty）。它是我們人類生存境遇在意識上的反映。**我們生而無助**。一旦我們開始產生意識，我們就會感到孤獨。我們無論在身體上、感情上和智性上都需要別人。沒有他們，我們無法認識任何事物，甚至無法認識自己。

我原初是把「無所求的愛」大大褒美一番，而把「有所求的愛」狠狠奚落一頓。但現在的我卻有了不同的想法。我仍然認為我上述大部分看法都是允當的。我仍然認為，如果一個人僅僅出於「需要」而愛，他就會顯得相當可悲可憐。只是，我現在不再（像我的恩師麥克唐納那樣）認為，那些把「有所求的愛」稱為愛的人，是指鹿為馬。我不再願意把「有所求的愛」擯斥為非愛，因為，每次我沿著這種思路思考問題，總會以困惑和自相矛盾告終。

首先，如果我們否定「有所求的愛」可稱為愛的話，那我們就違背了大部分語言（包括我們自己的英語）的規範。語言不見得就是不會有誤的嚮導，然而，不管它有多少缺點，它無疑仍包含著好些洞察與經驗。如果你從一開始就輕蔑它，那它到頭來準會給你吃一記回馬槍。所以，我們最好不要學昏弟敦弟(Humpty Dumpty)②的樣子，愛怎麼用一個字，就怎樣用一個字。

第二，我們必須小心，不要輕率地把「有所求的愛」完全等同於「自私」。

沒有錯，「有所求的愛」也有可能像我們其他的生理衝動一樣，完全是出於不饜足的私慾。但試問，在日常生活中，誰又會把一個渴求母愛的小孩或一個尋求友情的成年人稱為是自私的呢？往往，那些對母愛或友情最不在意的人（不管是大人小孩），反而才是最自私的人。**沒有「有所求的愛」，正好就是冷酷和唯我的標記**。由於我們生而需要別人（「人單獨生活不好」③），所以，沒有「有所求的愛」，往往是一種不好的心理癥候，道理就好比我們生而需要食物，胃口欠佳反而是生病的徵兆。

第三點，也是更重要的一點是，每個基督徒都一定會同意，人靈性層面的健康，絕對跟他對上帝的愛成正比。然而，人對上帝的愛，卻在很大程度上——往往甚至全然的——是一種「有所求的愛」。這一點，在我們身處困苦，祈求上帝伸出援手時，應有甚深體會。不過，我並不是說，人對上帝除了能獻上「有所求的愛」以外，別無所能。很多偉大的靈魂業已向我們證明，人所能達到的境界，不僅止於此。不過，恐怕也是這同一批人，向我們透露出，當一個人膽敢以為他可以撇開一切需要巍然獨立時，他業已在不自覺中陷入了魔鬼所設下的幻象。誠如《效法基督》④一書所說的：**「至高總是與至低形影相隨」（至高若無至低，則無以立足）**。如果一個受造者膽敢走到他的創造者面前，說出像「我不是乞丐，我對你的愛一無所求」這樣的話來，他將是何等的愚昧和大言不慚！其實，上帝自己也鼓勵我們把需要擺在祂的面前。祂說過：「凡勞苦擔重擔的，可以到我這裡來。」又說過（在《舊約》裡）：「你要大大張口，我就給你充滿。」

綜上所述，可見，最少有一種「有所求的愛」（對上帝的愛），是可以讓人達到最健康的精神狀態的。不過，如果這是事實，一個奇怪的引申就會接踵而來：人，只有在與上帝最不肖似的時候，才會與上帝最接近。因為試問，還有什麼比豐盛與匱乏、至高與卑微、公義與腐敗、無限與無助，更天淵的分別呢？這個兩難式破壞了我原先的寫作構想，讓我舉步踟躕。

為解決這個問題，我們必須區分兩種意義的「與上帝接近」（nearness to God）。第一種意義的「與上帝接近」是因肖似而接近(nearness-by-likeness)。我相信，上帝在創造萬物之初，確曾把自己的形象分授給萬物。時間與空間，是上帝博大的反映；所有的生命體，是上帝豐盛的反映；動物的生命，則是上帝能動性的反映。而人之所以比萬物更肖似上帝，是因為他擁有理性。至於天使，則因為擁有不死之身和非感官性的直觀能力，而更勝人一籌。因此，人（不管好人壞人）和天使（包括那些墮落了的天使）都要比動物來得與上帝更相像。他們在本質上可以說是與上帝「更相近」。不過，還有第二種意義的「與上帝接近」，這種接近，我名之為「因舉步而接近」（nearness-of-approach）。這是指人透過實踐上的努力，讓自己一步一步靠近主。「因肖似而接近」和「因舉步而接近」之間沒有必然的關聯。它們有時會同時出現，有時則否。

讓我打個比方。假設我們的家位在山谷裡，而我們現正走在回家的山道上。中午時分，我們來到一處崖頂，我們的家就位於山崖底下。從空間上來說，我們這時離自己的家非常接近，擲一顆石子下去，甚至就可以打得著屋頂。但我們不是攀岩專家，無法就這樣垂直往下爬。要回家，只能繞路而行。在迂迴繞道的過程中，我們反而比站在崖頂上的時候離家更遠了。不過這只是物理學意義上的遠，因為從實際上來說，我每邁出一步，就離家近了一步。

站在崖頂上，我們確實是離家更近，但這種近是沒有意義的，因為我們呆站在崖頂上愈久，就愈晚才回得了家。我們與上帝的關係也可作如是觀。我們與生俱來就帶有一部分上帝的形象，那是上帝在造物的時候把它們烙印在我們身上的，在這個意義上，人確實是與上帝接近的。不過，單靠與上帝形象上的相似，並沒法使我們多接近祂一些。只有透過行動上的接近、實踐上的努力，我們才有望更接近祂。與上帝的相似是上帝所賜與的（我們可以感激或不感激這種賜予，善用或濫用這種賜予），相反的，舉步而近卻是一件需要我們主動自發的事情。萬物各從不同的方面肖似上帝，但它們並不因此就一定能成為上帝的子女。要取得當上帝子女的資格，人就要努力在意志上與上帝結合。這種意志上的結合，讓人比肖像意義上的「像」更像上帝。一個作家說得好：我們想「像」上帝，就應該以上帝的道成肉身作為榜樣。換言之，我們應效法的是耶穌。但我們所要效法的，不只是殉道的耶穌，還是勞累、跋涉、被群眾揶揄、沒有內心平靜和沒有隱私可言的耶穌。這些事情，顯然沒有一樣是全能的上帝的屬性，不過，經受它們，我們卻反而與上帝更接近了。

現在我必須解釋，為什麼我會覺得這種觀念上的分疏在我們處理愛這個課題的時候至關緊要。長久以來，聖約翰「上帝是愛」的提法雖然深得我心，但我始終沒有忘記一位現代作家丹尼斯・德・魯日蒙特(M. Denis de Rougemont)的提醒：「愛，只有在它沒有膨脹為神的時候，才不會淪落為魔。」這句話顯然也可以換一種方式來表達：**「愛，從它膨脹為神的那一剎那開始，就會淪落為魔。」**在我看來，魯日蒙特的話是聖約翰的箴言一個不可少的安全閥。少了它，「上帝是愛」這句話很容易就會被人顛倒過來，變成：「愛是上帝」。

我相信，任何深思的人都會明白魯日蒙特的話因何而發。**任一種人類愛，當它的熱度高張到沸點的時候，都會傾向於認為自己具有神聖的權威性**。它會把自己當成上帝意志的代言人。它會要求我們不計代價、毫無保留地獻身，它會把一切的不同意見都打為異端邪說，它會慫恿我們，不管什麼樣的行為，只要是「為愛而發」，就都是合法的，都是值得嘉許的。愛情或愛國心之易於「膨脹為神」，很多人早有所知。但一般人較不察覺的是，即使是親情或友情，都有可能會——以不同的方式——掉入同樣的陷阱。這一點，我現在不打算多談，因為在往後的章節裡，我還會反覆再提。

值得注意的是，在人類愛之中，會自封為神的，倒不是那些我們稱之為「低層次」的愛，反而是那些我們稱之為「高層次」的愛。這在男女之愛的領域尤其明顯：**說起話來聲音特別像神的情人，不是那些因對方美色而生愛戀的人，反而是那些對對方懷抱真正犧牲奉獻精神的人**（我不是說前一類人就沒有毛病，而只是說他們不會犯自封為神的毛病）一個因為慾念而愛戀異性的人，不會認為自己的愛戀有什麼可敬之處，道理就如一個抓癢的人不會認為抓癢是件有什麼可敬的事情一樣。相似的，一個過度溺愛、放任孩子的母親，比起一個自命「為子女犧牲奉獻」的母親，也較不容易自我膨脹為神。

人類愛不會在自己顯得有說服力以前自封為神，而要是它們不能肖似上帝的愛，也不會顯得有說服力。沒有錯，我們的「無所求之愛」確實是與上帝肖似，而詩人對它的種種頌讚都是公允的：它是歡娛的、有活力的、有耐心的、不吝於寬恕的。我們可以毫不遲疑的點頭同意，表現出「無所求之愛」的人，比一般人「更接近」上帝。問題是，這種與上帝的接近只是一種「因肖似而接近」，而非「因舉步而接近」。「肖似」是一種授與我們之物，而「舉步」則是一件靠我們自己來做，緩慢且費力的事情，兩者間並沒有必然關係。但是，由於人類的「無所求之愛」與上帝的愛確實太肖似了，以致很多人誤把它們等同不別。於是，我們很容易就會把本來只該歸屬給上帝之愛的無限制性歸屬給我們自己的「無所求之愛」，於是，它們就成了神——接著就成了魔。再下來，它們就會摧毀我們，然後自我摧毀。人類的愛，一旦被容許成為神，它就不再成其為愛。雖然它們仍被稱為愛，但實質上不過是恨一種較複雜的變形而已。

我們的「有所求的愛」可能是貪婪的、不饜足的，但最少它們不會自封為神。它們和上帝太不肖似了，以致它們根本不敢奢望當神。

由是觀之，我們既不應苟同於人類愛的盲目崇拜者，也不應苟同於人類愛的「拆穿家」⑤。十九世紀文學家的最大謬誤就在於把愛情和親情謳歌得過了頭：在白朗寧(Browning)、金斯利(Kingsley)和帕特摩爾(Patmore)等人筆下，愛情往往被描繪得有如人生的救贖，而小說家們拿來跟「混濁塵世」相對照的，竟不是天國，而是家庭。我們自己時代的知識氣氛則恰恰與此相反。「拆穿家」把我們父輩對愛的大部分頌詞貶得一文不值。他們不遺餘力地把人類愛那隱藏在地底下的汙穢根部拔出來，暴露在光天化日之下。不過，在我看來，我們既不應附和那些「聰明得過頭的巨人」，也不應附和那些「愚蠢得過頭的巨人」。至高總是與至低形影相隨的。一棵植物，單有陽光而沒有髒兮兮的根部，一樣無法存活。況且，只要你不是把它拿到書房的書桌上，而是把它留在花園裡，那它的髒也是無傷大雅的。人類愛可以是上帝愛的輝煌映象。但也僅僅是映象而已，不多也不少。有時候，它們會是我們趨近主的助力，有時則是阻力。

註釋：

①按字面，「無所求的愛」（Gift-love）的直譯應該是「贈予的愛」，「有所求的愛」（Need-love）的直譯應該是「需要的愛」，但為便於讀者掌握和加強兩個概念的對照性，本書採用了意譯的方式。「贈與的愛」是白白付出、不求回報的愛，故又可謂之「無所求」；「需要的愛」是一種為滿足自身需要（如性慾）而起的愛，是一種要從對方身上獲得某些東西的愛，故又可謂之「有所求」。

②《愛麗絲夢遊仙境》中之滑稽角色。

③語出《舊約・創世紀》。

④《效法基督》(*Imitation of Christ*)：基督教靈修著作，據說是除《聖經》與《天路歷程》外最廣為閱讀的基督教讀物。成書於十五世紀前後。

⑤指與作者同時代，一些自命為謬見或迷思破除者的文化評論家。

對人類以外事物的喜歡與愛

LIKINGS AND LOVES FOR THE SUB-HUMAN

本章特別分析，
人對大自然的愛與對國家的愛。

有些人譏笑我們這一代人長不大，原因是我們常常用「愛」(love)而非「喜歡」(like)來表達自己對某些事物的喜愛（我「愛」草莓）。又有些人覺得，英語要來得比法語優越，因為英語兼具「愛」和「喜歡」兩個動詞，而法文則不管是「愛」還是「喜歡」，都不加區別用aimer這個字來表示。我對這兩類人的意見都不敢苟同。首先，世界上的語言，像法語那樣，用單一個字來涵蓋「愛」和「喜歡」兩者的所在多有，而且，英語和法語在其他方面的相似點也不在少數。再者，我們對事物的「喜歡」與對人的「愛」之間，存在著相通之處，硬要說「喜歡」只能用於物而「愛」只能用於人是沒有道理的。基於「至高總是與至低形影相隨」的原理，所以，在探討「愛」是什麼的時候，我們最好是先從低處入手，也就是說，先從探討什麼是「喜歡」入手。又由於我們會喜歡一樣東西，總是由於它能帶給我們某種快樂(pleasure)，所以，探討「喜歡」，又應先從探討「快樂」開始。

人們很早就懂得把快樂區分為兩類：一類是基於慾望獲得滿足而來的快樂，另一類快樂則跟慾望無關，而跟引起快樂的事物的本質有關。

第一類的例子是喝開水。只有口渴的時候，喝開水才能帶給我們快樂；我們口渴得愈厲害，喝開水就能帶給我們愈大快樂。換言之，喝開水的快樂，是以口渴為前提的。世界上恐怕沒有那個人，會在不是口渴的時候，單為尋求快樂而去給自己倒杯開水的吧？

第二類快樂的例子是在偶然間聞到芳香氣味——像我們在晨間散步，經過香豌豆田時所乍聞到的香氣。在聞到香豌豆的芬芳之前，我們的心靈本來就是安詳的、無所求的，儘管如此，乍聞到香豌豆的芬芳仍然可以引起我們愉悅（有時候還是極大的愉悅）。為了簡潔，我舉的都是一些單純的例子。但在現實生活中，情形卻複雜得多。例如，如果你因為口渴而期望一杯開水的時候，有人給了你一杯咖啡或啤酒，那你除了可以獲得第一類的快樂以外（因滿足口渴而來的快樂），還可以同時獲得第二類的快樂（因咖啡或啤酒的風味而來的快樂）。另外，第一類快樂和第二類快樂的界線有時會因人而異。例如，對一般人來說，一杯小酒可以讓他獲得第二類的快樂，但對一個酒鬼來說，一杯小酒卻只能讓他獲得第一類的快樂（解酒饞）。縱使情況可能會錯綜重疊，但兩種快樂的區分基本上仍然可以成立。這兩種快樂，我們不妨分別名之為「需要之樂」(Need-pleasure)和「激賞之樂」(Pleasure of Appreciation)。

對本書的探討來說，上述兩類快樂之所以顯得重要，在於它們對我們理解「愛」之為物會有所啟迪。

一個渴得半死的人，在喝過一杯開水以後，會說：「老天，我剛才多想喝它。」一個酒徒在喝到酒後，也會說類似的話。然而，一個行經香豌豆田的人會說的話卻是：「這味道怎麼這麼香？」一位鑑賞家在品過一口紅酒後，會說的也是：「這真是佳釀。」我們習慣用過去式來表達我們的**「需要之樂」**，而用現在式來表達我們的**「激賞之樂」**①。箇中的道理是顯而易見的。

莎士比亞曾這樣描繪人在一些暴烈的慾望獲得滿足後，內心的感受：

慾望一旦獲得滿足，
它就會被仇視。

當然，我們不會去恨那些較中性和較必須的慾望，但它們仍然跟暴烈的慾望有類似之處：一旦獲得滿足，就會以快得出奇的速度凋謝。當我們在大太陽底下刈了幾小時的草，廚房裡的水龍頭就會對我們產生異乎尋常的吸引力②，不過，一旦喝罷開水，不出六秒，水龍頭就再也不會引起我們絲毫興趣。煎炸食物的味道，在你吃過早餐之前和之後，聞起來也會相當不同。還有（希望各位不會認為我的例舉太偏），誰在十萬火急的時候看到一道印有「化妝間」三個字的門，不是歡欣雀躍的？但出來的時候，誰又還會對同一道門有著如同先前般的感覺？

「激賞之樂」則與此截然不同。我們會覺得，一件事物之所以會讓我們感受到**「激賞之樂」**，不在於它能滿足我們的口腹或耳目之欲，而在於它**本身就是一件有權利要求我們欣賞的東西**。鑑賞家從一杯紅酒所獲得的快樂，跟他把冰冷的雙足泡在熱水裡時所獲得的快樂是不同的。他會覺得，他手上的紅酒，是一種有權利要求他全神貫注的東西。上好的紅酒會顯示出一種內在的價值，正是這種價值，讓一個鑑賞家願意花上許多時間去鍛鍊自己的舌頭。在鑑賞家對待紅酒的態度中，甚至存在著無私的成分。一個鑑賞家會把紅酒儲存在適當的環境與溫度，並不全然是為了一己的享受，而是覺得一瓶上好的紅酒，理應獲得這樣的對待。即使這個鑑賞家已經躺在病榻上，奄奄一息，永無再享用紅酒的可能，他仍然會期望他的紅酒能被儲存在適當的環境、溫度，有朝一日能被有品味的人所享用；只要一想到他的紅酒有可能被打翻，有可能被門外漢（像我這類人）糟蹋，他就會心如刀割。

一個聞到香豌豆味道的人也是如此。如果他走過香豌豆田時，對飄來的香氣渾然不察或甚至不覺得它有什麼好聞的話，他準會以此自責，因為那是一種麻木不仁的表示。他會覺得慚愧，慚愧這麼美好的物事自己竟然不懂得欣賞。他會在多年以後仍回憶得起當時的美好感覺。又如果後來他聽說當初那片香豌豆田已經被鏟平，上面蓋成電影院、加油站，或被闢成公路，他也一定會惋惜不已。

沒有錯，從科學的觀點來看，「需要之樂」和「激賞之樂」都是離不開人的感官而單獨存在的。但「需要之樂」除了受限於人的感官以外，還受限於特定的時空條件，離了這個時空條件，它的存在就毫無意義可言。但「激賞之樂」卻讓我們覺得（且不管這種感覺合不合理），它的來源不是我們自身，而是引發「激賞之樂」的事物本身。一個紅酒專家可能會說：「拿這瓶佳釀給魯易斯③喝簡直是罪過。」我們也可能會責備某個行經香豌豆田的人說：「這麼芳香的味道，你怎麼可能會聞而不覺？」但我們卻從來不會用這種態度去對待「需要之樂」。我們絕不會因為某個人經過井邊時沒有舀水喝而責備他。

「需要之樂」能增進我們對「有所求的愛」的理解，這一點現在可謂昭然若揭了。在「需要之樂」中，人與引起他快樂的事物的中介是需要，類似的，在「有所求的愛」中，愛者和被愛者的中介也是需要。人為需要而愛，就跟酒徒為需要而喝一杯杜松子酒沒有兩樣。既然「有所求的愛」像「需要之樂」一樣，以需要為前提，那它自然也像「需要之樂」一樣，會隨需要的消逝而消逝。不過，這倒不是說，「有所求的愛」就一定是短命的，因為，有些「需要」是長期性的或反覆出現的。再說，「有所求的愛」也多少會受社會道德規範的束縛，無法全然隨心所欲。儘管如此，只要是以需要為前提的愛，就都會有隨需要的消逝而消逝的可能。從世界上有那麼多被子女遺棄的母親，有那麼多被男友或丈夫拋棄的婦女，不難看出這一點。人對上帝的愛（「有所求的愛」中的一種）也與此類似。理論上，人對上帝的需要是無止境的（不管在地上或天國，人都一樣需要上帝），所以，人對祂的愛，理應也是無止境的。問題是，人有時會忘掉自己有多麼需要上帝，而隨著這種遺忘，人對上帝的愛也會消逝。很多身處危難困苦的人，會表現出相當大虔誠，但一旦他們脫離了困阨，宗教熱情就會消失無蹤，理由即在此。

「需要之樂」可以對我們理解「有所求的愛」有所啟迪，那「激賞之樂」又可以啟迪我們什麼呢？

我們說過，在「激賞之樂」中，人對他的激賞對象，會表現出一種無私的態度。正是這種態度，讓一個人——即使世界所有人都已死光，又即使他自己也行將死去——不忍心去破壞一幅偉大的畫作；正是這種態度，讓一個人會祈願一片他沒機會再到的原始森林永保純淨；正是這種態度，讓我們會為一畦被鏟平的香豌豆田感到惋惜。對於引起我們「激賞之樂」的事物，我們不只會說：

「我喜歡它。」還會用仿上帝的口吻宣稱：「(它)是好的」。④

現在是我們的起始原理——至高總是與至低形影相隨——要開始回收股利的時候了。它向我們顯示出，我們在導言中對愛所作的二分法——「有所求的愛」和「無所求的愛」——是不周延的。愛還有第三種可能，而這種可能是由「激賞之樂」向我們啟迪的。對那些能引發我們「激賞之樂」的事物，我們會覺得它們「是好的」，會因為自己能有幸欣賞到它們的美好而對它們心存感激，會竊願它們即使在我們無緣再領受它們的美好時仍能長存下去。現在值得注意的是，這樣的態度不僅可落在物的身上，也可落在人的身上。這種態度，**對象如果是女性，它的名字就叫仰慕；對象如果是男性，它的名字就叫景仰；對象如果是上帝，它的名字就叫孺慕。統稱之，則是「激賞的愛」**(Appreciate love)。

「有所求的愛」因匱乏而向主發出呼喊；「無所求的愛」渴望侍奉主，甚至為主受苦；而「激賞之愛」則會對主說：「我們感激你讓我們看到了無上的榮光。」**一個抱持「有所求的愛」的男人，會對他的愛人說：「沒有妳，我活不下去。」一個抱持「無所求的愛」的男人所期望的，是給他的愛人幸福、快**

樂、保護和（可能的話）財富。但一個抱持「激賞之愛」的男人，則會用敬拜的眼神，屏息靜氣地注視著他的愛人——即使這個女的愛的不是他，他仍然會為她的美而動容；能令他完全心碎的，不是她拒絕他的愛，而是他永遠沒機會再看到她。

解剖一樣事物就會殺死它。幸而，在真實生活中，以上三種愛是混在一起的，它們往往此起彼落，互相接續。它們三者，除了「有所求的愛」以外，大概沒有那一種是能夠單獨存在幾秒鐘以上的。而之所以是如此，也許是因為在我們生命中，除需要以外，沒有一件事情是持續不斷的。

有兩類不是以人為對象的愛特別值得我們加以細究。

第一類是**對大自然的愛**。某些人對大自然有著一種深刻的愛戀，其中又以英國人和俄國人為最。我們不能把這種愛單純歸類為對美的愛戀。當然，很多自然界的事物，例如花草樹木、飛禽走獸，都是美的。但我說的這一類大自然熱愛者，卻不是那種會對自然界個別生物的美感興趣的人。正因如此，對他們來說，植物學家會是個差勁的遊伴，因為植物學家總是不斷停步，專心觀察某一朵花朵或某一棵植物。我說的大自然熱愛者，也不是為欣賞「風景」而走入大自然的人。以華滋華斯——這一類人的代表人物——為例，他對「欣賞風景」這回事就顯得相當不以為然。華滋華斯指出，如果一個人把著眼點放在風景上面，他就會忙於「把一片風景與另一片風景比較」，就會「沈湎於新奇的顏色和比例」，而這樣一來，他就會錯過重要得多的東西：一片土地的「精神」或一個時令的「氣韻」。這就是華滋華斯之類的大自然熱愛者雖然害怕與植物學家同遊，但卻更害怕與風景畫家同遊的原因。

對大自然的熱愛者來說，「氣韻」或「精神」才是至關重要的事情。他們渴望能盡可能接收到大自然在任何時地向他們發送的訊息。一片豐富、優雅、和諧的景致固然讓他們神往，但一片淒冷、單調、恐怖的土地同樣令他們陶醉。那是因為，在他們看來，不管是豐富多彩還是單調陰慘，都是大自然對人的主動回應，都是大自然對人說出的「話」，因此都同樣彌足珍貴。這就是讓他們日復一日徜徉山林荒野，流連忘返的原因。他們嚮往著把大自然吸納到自身裡面，嚮往著自己能完完全全被大自然所浸染。

這一類被十九世紀文人捧上天的體驗，就像其他被他們捧上天的體驗一樣，落在我們時代批評家的眼裡，根本不值一哂。姑勿論我們對現代以「拆穿家」自居的批評家的觀感如何，但他們的其中一項論點，卻是我們無法否認的：當華滋華斯不是以詩人身分發言，而是以哲學家身分——也許說冒牌哲學家身分更恰當——說話的時候，常常顯得荒謬可笑。試問，他憑什麼斷言一朵小花會有喜怒哀樂（更遑論說小花會因為呼吸到新鮮空氣而歡喜雀躍了）？還有，他又憑什麼斷言，人可以從叢林世界中學到道德哲學上的教誨？

如果我們真的可以從叢林世界學到道德哲學的話，那麼，我們所學到的，恐怕不會是華滋華斯本人所樂見的道德哲學，而是一套鼓勵無情競爭的道德哲學。因為，在叢林世界裡，強權就是公理，性衝動和飢餓衝動俱以最赤裸裸的面貌展現其力量。

如果你把大自然當成導師的話，那你從她那兒學到的，將是你本已接受的道理；這不啻是說大自然從來不會教給人什麼。**深愛大自然的人常常會把大自然錯覺為一位老師**，但那畢竟只是錯覺而已。**大自然的「氣韻」或「精神」**都

是沒有什麼道德意涵的。大自然能說出來的唯一無上令式就只是：「觀察。聆聽。專注。」

我們真正能從大自然得到的，是一套意象語言。我這裡所指的意象，並不只是指視覺的意象，而是兼指類似「氣韻」或「精神」一類的東西：驚悚、憂鬱、歡樂、慾動、殘酷、清純、無垢，諸如此類。我們每一個人都可以從大自然身上摭拾這些意象來包裹自己的信念。但我們所接受的那些信念本身，不管那是神學上還是哲學上的，都肯定別有來源（例如來自神學家或哲學家）。

當我說我們可以藉大自然的意象來「包裹」我們的信仰時，我並不說我們應該像詩人墨客那樣，拿大自然中的事物來作明喻或隱喻。我用「包裹」這兩個字可能會有點誤導，因為更恰當的用語應該是「充滿」（filling）或「血肉化」（incrnating）。要不是有大自然，很多人（包括我本人在內）將不知道要如何去理解作為他們信仰內容的某些基本詞彙。大自然從未教過我，天地間存在著一位榮美的上帝（我是從別的地方認識到這位上帝的），但大自然所呈現的榮美卻讓我具象地體會到「榮美」這個字的義蘊。沒有大自然的幫助，我真不知道自己能從那裡體會到何所謂榮美。又如果我不是見過一些凶險的山峽和無可攀爬的危崖，我想我也不可能明白「敬畏上帝」一語中的「敬畏」二字究係何意。

當然，即使基督徒能借大自然來傳達他們信仰的內涵，仍不足以證明基督教是真理。因為即使是信仰邪教的人，一樣可以在大自然中找到佐證。這就是重點所在。**大自然是不會教給人什麼的**。大自然無法證明一個神學或哲學命題為真，而只能幫助人去了解這些命題的義蘊何在。

值得順道一提的是，大自然的榮美之所以可以啟示出上帝的榮美，並非事出偶然：要不是因為大自然的榮美原就是派生自上帝的榮美，它也不可能在某種程度上反映出上帝的榮美。

但只是在某種程度上。大自然是決不可能直接向我們述說出任何關於上帝的真理。大自然既有美善的一面，也有醜惡的一面，想要調和兩者或證明兩者無須調和，你就得把視線從大自然身上挪開，轉而求助於形上學或神學。我們在大自然中固然是看到了榮美的意象，但我們不應該越雷池半步，以為這裡存在著一條讓我們直接通向上帝的通道。根本沒有這樣的通道。我們必須迂迴轉進——離開山林，回到我們的書房、教堂或聖經。否則，我們對自然的愛就會變成一種以自然當成膜拜對象的新宗教。

對大自然的愛雖然可能會導致上述的流弊，但我們不應因此而向我們時代的「拆穿家」靠攏。沒有錯，大自然是無法回答任何神學問題的，也無法讓我們由凡轉聖；在朝向上帝的路途上，我們必須一再背對大自然，離開晨曦照耀的田野，走入幽暗破舊的小教堂。儘管如此，對大自然的愛，仍是彌足珍貴的——對某些人來說，甚至是不可缺的宗教熱情點燃物。

那些熱愛大自然而又能謹守尺度的人，反是最能長保對大自然的愛的一群。當人對大自然的愛一旦膨脹為宗教，一旦膨脹為神，它就會淪落成魔。而魔是不會信守承諾的。任何立志「為自然而活」的人，到頭來都會發現大自然在他們面前慢慢「死去」。柯立芝如是，華滋華斯亦如是。當人清晨在花園裡禱告的時候，如果他能夠專心禱告，不分心於露珠、花草和飛鳥，他反而更能被這些大自然事物的清新與喜樂所浸染；相反的，如果他老是把心思放在這些事物上面，那久而久之，他就會什麼都感覺不到。

現在讓我們來看看另一種愛——對國家的愛。我想，不待魯日蒙特提醒，我們中間大部分人都早已認知到，人對國家的愛有多容易膨脹為神和淪落為魔。⑤有些人甚至認為，人對國家的愛，除了會成為魔以外，別無他途。不過如果我們接受這種觀點，就難免得把人類歷史上出現過的半數英雄事蹟，連同歌頌這些事蹟的偉大詩歌，一起扔到垃圾桶裡去了。我們甚至無法認同耶穌對耶路撒冷的哀哭，因為那也可以說是愛國的一種表現。

我們應該把有毒的愛國主義與健康的愛國主義二分開來。有毒的愛國主義最終無可避免會走上侵略他國之路，而健康的愛國主義卻不會如此。當然，嚴格說起來，侵略他國的決定權最終操之在一國的統治者，而非人民，儘管如此，但如果一國的人民抱持的是有毒的愛國主義的話，那統治者想對他國發動侵略就要來得容易些，而如果一國的人民抱持的是健康的愛國主義的話，那統治者想對他國發動侵略就要來得困難些。因此，身為公民，我們就應該睜大雙眼，監看我們國家所瀰漫的愛國主義是有毒無毒。而這也是驅使我談這個問題的動機。

愛國主義是一個歧義性有多大的字眼，我們從吉卜林(Kipling)和切斯特頓(Chesterton)兩位作家身上就可得見。⑥如果愛國主義從頭到尾只能是同一回事，那這兩位南轅北轍的作家不可能會同時擁抱它。事實上，愛國主義遠不止只有一種，而不同的愛國主義之間，有些會相互融合，有些則不會。

第一種愛國主義以愛家鄉為其內涵。我所說的家鄉，既指我們出生、成長的地方，也指那些和我們的出生地毗鄰、景物人情各方面都相當相似的地方。對我們英國人來說，最大範圍的「家鄉」就是英格蘭、威爾斯、蘇格蘭或亞爾斯特（只有外國人或政客才會把「不列顛」說成是英國人的家鄉）。你愛一個地方，就會同時愛那裡的生活方式，愛那裡的啤酒和紅茶，愛那裡有廂房的火車，愛那裡沒有武裝的警察，愛那裡的方言……。為什麼人會不願意看到自己的家鄉被外國人統治呢？那是因為會失去的東西實在太多了。切斯特頓說得好，一個國家被外人統治的人，就跟一個房子失火的人沒兩樣：連自己損失多少東西都來不及點算。

我們很難在這種情感裡挑到什麼毛病。家庭提供了我們跳出自我中心的第一步，而家鄉則提供了我們跳出家庭狹隘性的第一步。當然，家鄉之愛不等於博愛。在家鄉之愛中，我們愛的，是我們的同鄉、我們實際上的左鄰右舍，而非聖經意義下的「鄰人」⑦。不過試問，連打過照面的同鄉都不會愛的人，又怎麼會去愛那些他素未謀面的「人」呢？沒有錯，所有屬世之愛——包括對家鄉的愛——都有可能會變成屬靈之愛的羈絆⑧，不過，前者也未嘗不可以作為後者的預備性模仿（就像小女孩照顧洋娃娃可以作為她日後照顧自己兒女的預備性模仿一樣）。有朝一日，上主有可能會雪亮你的眼睛，讓你看見家鄉之愛的偏狹處，只不過，要是你本來就連眼睛都沒有，上主又從何雪亮起呢？

以愛家鄉為本質的愛國主義是完全沒有侵略性的。它唯一的要求是不受干擾。只有在自己的家鄉備受威脅時，它才會變得好戰。任何抱持這種愛國主義的人，都會尊重別人對自己家鄉的愛，因為他們明白，每個人都像他們一樣，有愛自己家鄉的權利。我們愛吃的是培根蛋，法國人愛吃的是歐式早餐，那又有什麼關係？隨他們去吧！我們絕不會想要把世界上的其他地方變成跟我們自己的家鄉一模一樣，因為這樣一來，我們的家鄉就會失去它的獨特性，而沒有獨特性的地方，是不成其為家鄉的。

第二種愛國主義則是一種奠基於對自己國家歷史自豪感之上的愛國主義。我所說的「歷史」，是指活在大眾想像中的那個歷史。這個「歷史」，對我們英國人來說，是馬拉松之役，是滑鐵盧之役。「我們，既然身為與莎士比亞操同一母語的人，就只容許兩種可能中二擇其中：自由或死亡。」⑨這個光榮的過去對我們來說既是一項義務，也是一個承諾：我們絕不能丟我們父祖的臉，但又由於我們是這樣優秀的一群父祖的後裔，我們會讓他們丟臉的可能也是微乎其微。

跟愛家鄉的感情比起來，這種對自己國家歷史的自豪感不完全是那麼正面的感情。每個國家民族的歷史，深究起來，都隱藏著許多不足為外人道的穢物和渣滓。很多英雄故事，都包含著經不起嚴格歷史考查的虛假成分。「拆穿家」最喜歡拿這一類愛國主義開刀，理由也在此。一個把愛國心建立在美化了的歷史假象之上的人，當他對真正歷史事實的認知變得深入以後，似乎就只剩下兩種可能：一是因神話破滅而變得犬儒；一是閉起雙眼，假裝什麼都沒看見。話得說回來，要不是有歷史上那些英雄事蹟的激勵，很多人在國家生死存亡的關頭，又怎麼會表現得這樣勇敢？沒有了它，我們又要怎麼辦呢？

其實，要讓「過去」的圖像保持它對我們的激勵作用，並不是非要作假或吹牛不可的。一幅「過去」的圖像所潛伏的危害性，恰恰與它冒充歷史史實的程度成正比。所以我認為，對待歷史上英雄故事最正確的態度莫過於還它故事的本來面目。我並不是說應該把它們視為是虛構的，不是這樣（畢竟它們不全是假的）。我的意思是，我們應該把側重點放在它故事性的一面，放在它可以激發我們想像力的一面。我們應該讓我們的學童在讀到它們的時候，感覺上是在讀一篇史詩（他們自己當然不會曉得這樣去稱呼它）。讓那些「贏得帝國的光榮故事」成為點燃他們愛國心的引線——但是是在課餘的時候。不要把它們當成歷史課的內容。愈沒有把這些英雄故事和「歷史事實」混為一談，愈沒有把它們當成合理化帝國主義政策的依據，它們的危害性就愈低。我小時候有過一本名為《我們海島的故事》的書⑩。我一直覺得它的書名是個再恰當不過的書名。這本書充滿彩色插圖，看起來也一點不像教科書。給小孩讀的英雄故事，就是應該用這種方式來包裝。在我看來，真正有毒的做法是把英雄故事包裝成歷史教科書，這種做法，即使能激起年輕人的愛國心於一時，也是無法永久的。這種魚目混珠的做法會在我們內心深處種下一個錯誤觀念：別國的英雄不如我國的英雄。尤有甚者，它會讓我們誤信，我們是在生物學的意義上「遺傳」了一個傳統。而這種誤信，又無可避免會把我們引向第三類的愛國主義。

第三類愛國主義不是一種情感，而是一種信仰：它堅信自己的國家民族比任何其他國家民族來得優越偉大。我認識一位對此深信不疑的老牧師，有一次，我斗膽反問他：「可是，牧師先生，書本上不是說，每個國家的人都會以為自己國家的男人最勇敢，自己國家的女人最美麗嗎？」老牧師以堅定無比的語氣（肯定比他在祭壇上宣示《信經》的時候還要堅定）回答說：「話是沒錯，但只有我們英國人這樣認定是正確的。」幸好，這種信念並沒有使老牧師變成惡棍，而只是讓他顯得是個可愛的老頑固罷了。不過，因這種信念作祟而成為惡棍的卻大有人在。當這種信仰膨脹到最極端，就會孕育出種族主義，而無論是從基督教還是科學的觀點來看，種族主義都是絕對無法接受的主張。

如果我們的國家民族真的比別的國家民族優越，那我們也理應對比我們低下的國家民族負有責任才對。十九世紀的英國人確是這樣想，而他們也以其他民族的守護者自居（所以才會出現「白人的負擔」一語）。這不全然是一種矯情，而我們英國人也確實做過些好事。不過，英國人有時自詡帝國的創建完全是出於利他的動機（很多到印度謀取公職的英國年輕人也自稱是為了服務印度民眾），則無論如何不能不讓人想吐。儘管如此，相對於其他抱持優越感的國家來說，英國人還算是好的了。有些抱持優越感的國家對它們宰制下的國家民族完全只取不予。在它們看來，那些落後的國家民族，上焉者只配為他們砍柴挑水，下焉者則根本就可以殺盡滅絕。狗啊，認清楚你們自己的身分吧！雖然我說英國比那些只取不予的國家要略勝一籌，但兩者的相同點卻很多，而且一樣要命。其中一個相同點是永不饜足的追求擴張，另一個相同點則是——這是個明白無疑的邪惡標記——使用恐怖手段來防止自己淪為笑柄。

如果沒有對印第安人的毀約，沒有對塔斯馬尼亞人的滅絕，沒有毒氣室和貝爾森集中營，沒有阿木里查血案⑪，沒有種族隔離政策，那他們的誇耀自矜所換來的，都只會是別人捧腹的訕笑聲而已。

最後一種我要提的愛國主義，是一種會在不知不覺中自我否定的愛國主義。切斯特頓曾在吉卜林的作品中，挑出了兩句話，作為這一類愛國主義具體而微的例證：

如果英國不是英國的樣子
我們會迅速棄之如敝屣。幸而她是！

愛是不會說出這樣的話來的。真正愛孩子的父母，不會因為孩子不成材而收回愛；真正愛太太的丈夫，不會因為太太色衰而收回愛；真正愛丈夫的太太，也不會因為丈夫潦倒而收回愛。一位古希臘作家說過：「**人愛自己的城邦，不是因為它偉大，而是因為它是自己的。**」真正愛國的人，即使自己的國家走向衰敗，甚至成為廢墟，仍會愛之如故，他會說：「英國啊，儘管妳罪孽深重，我仍舊愛妳。」吉卜林筆下的士兵卻不是如此，他愛英國，是因為他深信英國是個偉大優秀的國家。他是為英國的美德而愛她，他為自己身為英國的子民而自傲。如果他發現事實和他所想的相反，那他會怎樣做呢？答案很簡單：「我們會迅速棄之如敝屣。」一旦船開始下沈，他就會不假思索，棄船而去。這一類愛國主義在起點的地方不管鼓敲得多用力、號吹得多大聲，最後都有可能會以維琪⑫為其終點站。**當愛變得無法無天的時候，它不但會去傷害別人，還會摧毀自己**。

透過上述討論，可見愛國主義有著很多不同的面相。有鑑於此，有些人也許會建議，既然愛國主義弊端重重，何不乾脆把它從人心中徹底根除？持這種主張的人並未細思過，在根除掉愛國主義以後，有什麼東西可以取代它的正面功能。沒有國家可以完全免除外敵侵犯之憂，過去如此，現在也是如此（有可能永遠如此）。因此，為政者必須擁有某種能喚起人民願意隨時奮起保衛國家的手段。在愛國主義業已式微的地方，想要說動人民起而保護國家，就只能透過純道德式的勸說了。當人民不再願「為國家」而戰的時候，你就只能遊說他們為正義、為文明或為人道的理念而戰了。但這是退步，而非進步。本來，愛國情操就不見得一定是與正義相排斥的。一個正直的國民，會在國家呼籲他奮起殺敵的時候，先判斷國家所持的理由站不站得住腳，再作決定；但即使如此，最後會讓他奮起殺敵的原動力，仍然——假設他國家所提的理由是合乎正義的——不是正義，而是對國家的愛。這個分別在我看來至關重要。有盜匪闖入我家，我殺傷他，當然是一件不悖於正義的事情；但如果我從一開始就認定，我殺傷他，只是出於正義——而不是因為他闖入的是**我的**家——那我就是自欺欺人了。同理，認定自己為英國而戰，完全是為了正義，而非因為英國是**我的**國家，一樣是自欺欺人。（這世界會為一個孤懸的正義理念而戰的人大概只有唐吉訶德！）邪惡總是與自欺亦步亦趨。一旦國家戴上正義的面紗，那再令人髮指的戰爭暴行都將可以振振有詞。

愛國主義要能保持自己的榮耀，就要始終謹記自己只是一種情感，而非正義的使者。**我們可以把戰爭視為是英雄事業，但不能視之為聖戰**。我們可以把為國捐軀的人視為英雄，但不應視之為殉道者。愛國這種情感，雖然在國難當頭的時候理應是最嚴肅的一種情感，但在盛平時期，我們則不妨用最輕鬆歡快的態度來感受它。我們的愛國歌曲，早期的唱起來都會叫人心曠神怡，但後來的卻都像是肅穆的讚美詩。給我《英國步兵團》（*The British Grenadiers*），我不要《希望與光榮的國度》（*Land of Hope and Glory*）。⑬

上述我對愛國主義各種面相的分析，也適用於國家以外的團體，如學校、軍隊、一個大家族或社會階級等等。而我對愛國主義的批評，也同樣適用於它們。我想，即使是教會，也難逃這個窠臼。教會的問題是個棘手的課題，要處理它，得花上整整一本書，而我這裡只打算提一點。即使教會是一個屬天的團體，但它仍然是一個此世間的團體。我們最容易犯的毛病，就是把教會屬天一面的超越性，無條件地移轉給它屬世的那一面，並以此作為它種種令人髮指的行徑的合理化根據。如果有朝一日我真的寫了一本有關教會的書的話，那將是一個基督徒對基督教世界做過的所有殘忍與不義行徑的總懺悔。除非我們基督徒能公開宣布與過去的基督教劃清界線，否則世界大部分的地區就仍將繼續對我們充耳不聞。他們有必要聽我們的嗎？我們口口聲聲說著奉基督之名，手裡做著的卻是摩洛神的勾當。⑭

註釋：

①讀者可能無法在作者這裡所舉的例子中看出他所說的時態分別，那是因為中文的動詞沒有時態變化，無法把原例子中動詞的時態變化表現出來的緣故。

②英國水龍頭的水可直接生飲。

③作者本人。

④作者在這裡想表達的是：在感受到激賞之樂的時候，人會覺得對象的「好」是一種客觀的存在，不依人的主觀好惡而轉移。據《舊約・創世紀》記載，上帝在創造天地萬物以後，審視祂所創造的萬物，說出「是好的」這個評語。

⑤此書寫成於六〇年代，屬於第二次世界大戰戰後時期，很多英國人都目睹過納粹德國狂熱愛國主義的禍害，故作者會有此一說。

⑥吉卜林(1865-1936)，英國作家，英國帝國主義的忠實擁護者與熱烈謳歌者，曾獲諾貝爾文學獎；切斯特頓(1874-1936)，與吉卜林同時代之英國作家，曾在英國對波爾人作戰時

為波爾人挺身說話。

⑦聖經以「愛鄰人如己」作為行為的最高準則，但聖經中所說的「鄰人」，是指與自己非親非故的人，換言之，聖經所認定的最高行為準則實是博愛全人類。

⑧這裡說的「屬靈之愛」是指對全人類的博愛，由於博愛是上帝所稱道的愛，故謂之「屬靈」；「屬世之愛」則指範圍較偏狹的愛，是出於血氣的愛。人把太多的愛留給自己身邊的人，能分給非親非故的人的愛就會變少，作者說「所有屬世之愛——包括對家鄉的愛——都有可能會變成屬靈之愛的羈絆」，其理在此。

⑨出處不詳，但應是某位英國政治家用來呼籲國人奮起抗敵的警句。

⑩作者是英國人，而英國是島國。

⑪阿木里查是印度一城市，英軍曾在此開槍鎮壓示威的印度群眾。

⑫第二次世界大戰時期法國偽政府（受納粹德國控制的傀儡政權）的所在地。

⑬《希望與光榮的國度》是一首較嚴肅和有帝國主義傾向的愛國歌曲。

⑭摩洛神（Moloch）：古代腓力基等地崇奉的神靈，信徒以焚化兒童向其獻祭。

親愛：依戀、親愛之情

AFFECTION

一種同時可在人與動物身上發現的愛，
這種愛戀具包容、謙卑和凡常的性質，
特別見於父母之於子女。
很難用一種名詞來涵蓋其意，
這裏暫以「親愛」名之。

在這一章，我要探討的是一種同時可在人與動物身上發現的愛，就此而論，它是一種最平凡、也最普遍的愛。但我得聲明，我並不認為這種愛因為也出現在動物身上，其價值就要比其他種類的人類愛要來得低。當我們用「禽獸」這個字眼來責備別人的時候，並不是責備對方流露出某些動物的特質（我們每個人莫不如此），而是責備他在不應該流露動物特質的場合流露動物特質。

古希臘人把這種同時見於人與動物身上的愛稱為 storge，我則稱之為親愛（Affection）。翻查我案頭的古希臘詞典，它對storge一詞的解釋是：「**一種愛戀，特別見於父母之於子女**。」當然，子女對父母的愛也屬於同一範疇。而我相信，親情正是親愛之情的原型，也是Storge這個詞最核心的意義所在。

不過，即使是在動物界，親愛之情也並不侷限發生在親子之間。說起來，親愛之情是最沒有歧視性的一種愛。有些女性，可能由於乏善可陳而追求者寡，有些男性，有可能因為生性孤僻而朋友寥落。儘管如此，他們仍然有可能成為別人親愛的對象——再醜、再笨、再容易惹人生氣的人也是如此。各位想必也跟我一樣，看過不少被父母或兄弟姊妹深愛著的低能兒吧？在依戀者與被依戀者之間，不存在年齡、性別、階級以致教育程度的藩籬。一個受過大學教育、才智出眾的年青人，肯定和她的老奶媽是住在不同世界裡的人，但他們仍有可能會彼此親愛。親愛之情甚至可以超越物種的藩籬：不要說人與狗會互相親愛，就是貓與狗也是如此。吉伯特・懷特（Gilbert White）還說他見過一對相親相愛的馬和雞呢。

很多小說家對親愛之情都有精采的描寫。《項狄傳》中的「我父親」和泰比叔叔根本沒有任何觀念上或興趣上的共通性可言（他們沒有一次聊天不是在各說各話），但他們彼此間的深刻依戀仍然歷歷可見。①同樣的情形也見於唐吉訶德和桑丘，匹克威克和山姆・韋勒②，迪克・史威佛爾和女侯爵之間③。《楊柳風》中的四個朋友——鼴鼠、水鼠、蟾蜍和獾——也見證了被親愛之情連結在一塊的人，彼此間可以有著多麼大的異質性。④

不過親愛之情雖然不會挑剔對象，但它對對象的選擇，還是有一定標準存在。只有熟悉的東西才會成為被依戀的對象。要回想起自己是在何時愛上一個異性或在何月何日交上一個新朋友並不困難，但要說出自己從何時開始依戀起某個人來，卻極不容易。原因是，當你意識到自己依戀某個人的時候，這種依戀總是已發生了一段日子。「老」這個字對親愛之情來說特別重要（老朋友、老鄰居、老同學，等等）。狗會對一個從未對牠做過什麼壞事的陌生人狂吠，卻會對一個從未對牠做過什麼好事的熟人搖尾巴。一個小孩會愛一個從來不大搭理他的老園丁，卻會怕一個千方百計逗他開心的陌生人。

親愛之情是一種很謙卑的愛，從來不會裝腔作勢。一個人有可能會為自己墮入愛河或交上一個新朋友而洋洋得意。但親愛之情卻是保守的，甚至靦腆的。有一次當我向一個朋友談到，親愛之情也常常可見於狗與貓之間的時候，他回答說：「話是沒錯，但我敢打賭，沒有一隻狗會在別的狗面前承認牠愛一隻貓。」這雖是個笑話，但卻很適用於人與人之間的親愛之情。科摩斯（Comus）⑤說過：「**讓平凡無華的臉留在家裡吧**。」而親愛之情所擁有的，正是一張平凡無華的臉。同樣的，**我們所依戀的人，往往也是以有著一張平凡無華的臉者居多**。我們愛他們，不是為了證明我們的鑑賞能力或知人之明；他們愛我們，亦復如是。「激賞之愛」並不是親愛之情的基本成分。**我們很少會誇示自己所親愛的人，**

除非是對方已經遠離或死亡。我們把這種愛視為是心照不宣，而這樣的心照不宣，在男女之愛中是不被容許的。這種心照不宣，和親愛之情那種自在、靜默的本質是一致的。**如果親愛之情常常被大聲掛在嘴邊**，那它就不再是親愛之情了；**把它宣之於眾，就好比把家裡的舊沙發搬到大街上展示一樣**。舊沙發放在家裡，會讓人覺得舒適、合宜，但把它暴露在大太陽底下，就會顯得寒傖、俗麗或古怪。

但我也必須立刻做個釐清。我上面一番話會給人一種印象：親愛之情和其他類型的愛是涇渭分明的。這有時是事實，有時卻不是。琴酒既可以被單獨飲用，亦可和別的酒混著喝，親愛之情也是一樣。親愛之情既可以單獨存在，也可以進入其他類型的愛中，濡染它們。交上一個朋友，並不就意味你們一定會親愛彼此，不過，在一起久了以後，你們的友情就有可能會染上一層依戀的氛圍。至於男女之愛，如果沒有依戀作為包裹的話，我也不曉得它能維持多久——沒有依戀包裹的愛情，不是太神聖就是太情慾了，而**人對境界太高和境界太低的事物，都是無法消受太長時間的**。愛情和友情中那「激賞之愛」的元素確實可以使人悸動，卻少了一份悠然自在，親愛之情恰好可以作為互補。在親愛之情中，我們無須交談，無須做愛，唯一要做的也許只是坐在火爐邊靜靜撥火。

不同類型的愛常常會互相重疊，這一點，從它們具有共通的表達方式——親吻——就可以窺見。在現代英國，親吻只保留給親愛之情與愛情，而沒有保留給友情，但在**歷史上大部分的時期、地區，親吻都是一種為親愛之情、愛情和友情三者所共享的表達方式**。到底它們三者，是誰跟誰把親吻的方式借為己用的（或究竟是不是互借而來的），已不可考。你可能會質疑我說，愛情和友情雖然都用親吻來表達自己，但它們的親吻方式是不一樣的。這沒有錯，但既然不同類型的親吻都是發生在互愛的人之間，足見它們是存在著共通性的。除親吻之外，親愛之情、愛情和友情的另一個共通處是喜歡用「悄悄話」(little language)或「兒語」(baby talk)來傾吐心事。這並不是只有人類是如此。洛仁茲教授(Professor Lorenz)告訴我們：「寒鴉在求偶的時候，會發出小時候的叫聲。」《所羅門王的指環》對這一點，鳥類和我們可以有同樣的解釋：柔情雖然有種類之別，但它們既同屬柔情的範疇，那我們會用年幼時候習得的柔情表達方式來表達新體驗到的柔情，不是自然不過的事情嗎？

迄今為止，親愛之情有一項很重要的功能我尚未提及。我說過，親愛之情基本上不是一種「激賞之愛」，它是不會挑三揀四的。即使最乏善可陳的人，也未必不會成為被親愛的對象。不過奇怪的是，**親愛之情雖然不是起於欣賞，但卻有可能通向欣賞。它會擦亮我們的眼睛，讓我們看見對方身上那些我們原先所沒有注意到的美好品質。**選擇愛人或朋友的時候，我們多多少少都會著眼於對方身上有沒有流露出某些美好的品質，如美貌、坦白、善良、或聰慧等等。不過，嚴格來說，這些所謂的美好品質，只是我們自己標準的美好品質：我們所認定的美貌，只是我們本人欣賞的那種美，我們認定的聰明，只是我們本人欣賞的那種聰明。這也是為什麼兩個朋友或一對戀人常常會覺得彼此是「天造地設」的原因。親愛之情的耀眼之處，正在於它可以讓人從個人品味的約束中釋放出來。被親愛之情繫在一起的兩造，可能根本完全沒有可以互相吸引的地方，而他們之所以會生出親愛之情，純粹只是命運把他們生在同一個家庭或放在同一個團體使然。

某人說過：「應該把貓跟狗放在一起養大，這樣牠們的心胸就會變得寬闊。」**親愛之情也有著讓我們心胸變寬的功能。在所有的人類愛中，親愛之情可以說是最不講究、最具有包容性的一種。**不管你的朋友圈再大，你朋友之間的異質性，也不可能超過那些與你同屬一個家庭、一所學校、一家教會或同坐一艘船的人。你有再多的朋友，都不能證明你對各色人等都具有很高的接受度；你讀過書房裡再多的書，都不能證明你有寬廣的文學品味。那是因為，不管你交遊再廣、讀過自己書房裡的書再多，別人都總可以用以下的話來質疑你：「你的朋友和你書房中的書都是你自己挑的，當然會合你意。」品味真正寬廣的文學愛好者，會對舊書攤上任一本那怕只值六便士的文學書籍感興趣；而對「人」真正具有包容性的人，會對任一個那怕只是每天在同一個十字路口碰上的陌生人感興趣。在我的經驗中，能擴大我們對人的品味的，正是親愛之情。親愛之情讓我們對一個「偶然」進入我們生活圈的人始而發生興趣，繼而產生欣賞。他們是上帝為我們量身訂做的嗎？當然不是。他們是他們自己，他們比你能想像的更奇特，比你能猜想的更有價值。

但以上的探討把我們帶到了危險邊緣。我說過，親愛之情不會裝腔作勢，而類似的，聖保羅也說過，懷大愛的人是不會自誇、張狂的⑥；親愛之情可以愛那些毫無吸引力的人，相同的，上帝和祂的聖徒也可以愛那些毫不可愛的人；親愛之情不求回報、不介意對方的缺點、樂於在爭吵後言歸於好，同樣的，犧牲、仁慈和寬恕也都是呈現在謙卑聖者身上的品質。從親愛之情與屬天之愛這種種相似之處看來，我們是不是可以說，親愛之情不僅僅是血氣之愛的一種，而且甚至就是上帝之愛在人心中的顯現呢？如果是的話，那維多利亞時代小說家對「家庭中的親愛之情」的無上謳歌，全都是不刊之論了？那麼，親情也可以說是基督徒修行的一個法門了？對於這些問題，我的回答一律都是斬釘截鐵的「不」。

試問，在真實世界裡，十九世紀小說家筆下那些「快樂家庭」到底有幾個？尤有甚者，到底，是不是所有不快樂的家庭，都是種因於家人之間缺乏親愛之情呢？我想答案恰恰相反。**很多時候，家庭的不快樂不但不是愛的欠缺所引起，**

反而是愛的過剩所造成。親愛之情是一把兩面刃，它既可以為善，也可以為惡。如果你任憑它蔓延，它就會讓生活變得惡質化、暗淡化。我們時代的「拆穿家」和反濫情主義者對十九世紀小說家所作的批評無一不是事實——唯一可議的地方是談得不夠徹底。

在我看來，十九世紀禮讚親愛之情那些甜得發膩的歌曲或詩歌，幾乎全都是面目可憎之作。它們是面目可憎的，因為它們是虛假不實的。它們把某些要靠運氣才能得著的福份，說成是一種現成的、唾手可得的東西。它暗示，我們根本不用做任何事情，只要站在那兒，親愛之情自然會澆灌我們，就像淋浴一樣簡單。

由於親愛之情既可以是一種「有所求的愛」，也可以是一種「無所求的愛」，現在，且讓我先從有所求的一面談起——也就是從我們渴求別人的摯愛這一面談起。

渴望別人摯愛的人很容易會變得不可理喻，而這是一件不難理解的事情。我說過，親愛之情基本上是不會挑三揀四的，而問題就出在大部分人都把這一點給絕對化。唯其如此，《眾生之路》（*The Way of All Flesh*）中那位龐提費克斯先生，才會在發現兒子並不愛他的時候，勃然大怒⑦。他認為，兒子不愛他是「有乖常理」的，但他卻從未撫心自問，打從兒子有知有識開始，自己有沒有做過任何值得兒子愛他的事情。相似的，《李爾王》中的李爾王，也是這樣一個極度渴望別人摯愛，自己卻毫無可愛之處的老人。我之所以找文學作品中的人物當例子，是因為讀者諸君和我並沒有相同的鄰居或熟人，否則的話，我就可以改用活生生的人物來舉證了。要這樣做一點都不難，因為這種事情在真實生活中舉目皆是。理由也不難解釋。我們每個人都曉得，想贏得異性的愛或一份友情，自己就首先得具備某些優點或做出什麼能打動對方的表現來。但對於親愛之情的獲得，我們卻不如是想。我們往往認為，對方（例如兒女）會愛我是理所當然的，是一種他們與生俱來就該具有的情感。我們有權利要求他們愛我們，如其不然，他們就是「有乖常理」。

這樣的認定根本就是歪曲事實。沒有錯，親愛之情很多時候確實是「與生俱來」的。人是一個哺乳類的物種，因此，親子間的愛很大程度上也是以本能的方式深植在我們身體之內的。由於我們是社會性的動物，所以，熟悉性和親密的互動性本身就足以提供親愛之情一個成長茁壯的好環境。有了這個環境，很多時候我們不需要費太大的勁，親愛之情就唾手可得。問題是，這只是個具有或然性的事實，但龐提費克斯先生卻從它演繹出一個荒謬可笑的結論來：「很多人都沒有經過努力就得到兒女的愛，所以我雖然不值得被愛，卻仍然有權利得到愛。」這就好像是說因為沒有人可以憑著自己的努力獲得救贖⑧，所以我雖然沒努過力，一樣有權利獲得救贖一樣荒謬。這裡根本不與權不權利的問題相涉。預期親人會愛我們，是一種「合理的預期」，而非一種「有權利的預期」。親人有可能會愛我們，也可能不會。我們本身有可能是非常糟糕、非常不值得愛的人，若如此，「常理」會和我們站在同一邊才是「有乖常理」呢。**會滋長出親愛之情的同一環境也有可能會滋長出恨**，而這種恨，也像親愛之情一樣，是在我們記不起來的什麼時候開始慢慢積累而成的。像歌劇《齊格菲》中的主角齊格菲⑨，就想不起來自己是從什麼時候開始，憎厭起他那侏儒養父的一舉一動、一言一語來的。這種恨，你永遠無法說出它起始於何時。

沒有人會認為李爾王是個吝於給與女兒愛的人（當然是用一種他自以為恰當的方式）。不過話又說回來，要不是李爾王愛極了他的女兒們，他也不會渴望她們的愛渴望得發瘋。**最不得人愛的人**（不管大人小孩），**往往愛得愈激烈**。他們有所不知的是，這樣子只會讓自己和對方更不幸。那會讓情況惡化到難以挽回的地步。如果一個人，本身就已經極不可愛，但他卻不斷要求別人愛他，並因為得不到滿足而流露出受傷、痛苦、怨恨的神情，那他就會讓對方產生一種無可解脫的罪惡感（這種罪惡感是無可解脫的，因為他們所犯的「罪」是別無選擇的）。這樣做，等於是把能解自己的渴的那口井給封死掉。有時候，這一類人好不容易在別人內心攪動起一絲絲感動的漣漪，卻得隴望蜀，要求更多更多，結果不是連對方那一絲絲的感動都給窒息掉又會是什麼呢？這一類人會一再要求別人證明他們對他的愛，要求別人站在他們同一邊，聆聽和分擔他們的憂傷，與他們聯手一氣，共同對付某某人。「如果我的小孩真的愛我，他就會看出他父親有多自私。」「如果我哥哥真是愛我，就會站在我這邊，跟我聯手對抗姊姊。」「如果你是愛我的話，就不會讓他這樣對我。」

這些人完全沒有意識到自己離正確的道路有多遠。奧維德（Ovid）說過：「**想要被愛，最好的辦法是使自己變得可愛。**」這句話原是指一個人要是想吸引女孩，就該想辦法讓自己變得有吸引力。但我認為它也適用於那些希望得到別人親愛之情的人。奧維德比龐提費克斯先生和李爾王都要聰明太多了。

不過，令人真正驚訝的事情，倒不在那些毫不可愛的人對親愛之情的苛索有時會得不到滿足，而在他們常常會如願以償。我們不時會看到一些女孩子，守身不嫁，把青春年華盡虛耗在順服和奉承一個對順服和奉承永不饜足的吸血鬼母親身上。這些孝女的犧牲也許是美的，但她們那張年華老去的臉卻絕不會是美的。

親愛之情的不挑剔本質常常會被人拿來做錯誤的解釋，親愛之情的自在與無拘束本質也是如此。

我們現在經常可以聽到人們批評年輕的一輩傲慢無禮。我自己算是老一輩的人，因此，我理應跟老一輩的人站在同一陣線才對。問題是，這年頭父母對子女的惡劣態度比子女對父母的惡劣態度更叫我看不過去。我們中間，誰在別人家裡作客用餐的時候，沒碰到過對待子女像對待野蠻人一樣的父母呢？這些為人父母者喜歡用獨斷的態度對他們子女比他們懂得多的事情放言高論，喜歡動輒打斷子女的話，對子女認真的事情嗤之以鼻，用侮辱性的言詞談論子女的友伴。這一切，難道不就回答了家長們最愛問他們子女的那些問題了嗎：「你為什麼老往外跑？為什麼每個地方你都喜歡待，就是不喜歡待在家裡？」試問，誰又喜歡被人用對待野蠻人的態度對待呢？

迄今為止，我們尚未觸及「嫉妒」這個題目。我猜想，讀者諸君應該不會有那一位認為，嫉妒是一件只跟男女關係有關的事情吧？如果有誰這樣想，我就請他觀察一下他的小孩、雇員或家裡寵物的行為舉止好了。**幾乎每一類型的愛都有可能會衍生出嫉妒來**，親愛之情也不例外。親愛之情源於對親愛對象的熟悉感，但一旦親愛對象本身發生轉變，一旦它變得不再熟悉，親愛之情就頓失依據，這時，嫉妒就會油然而生。轉變是對親愛之情的一種威脅。

一對兄妹或兄弟（性別並不重要）在長大到某個歲數以前會分享一切。他們會看同一本漫畫書，爬同一棵樹，一起扮強盜或太空人，同一時間開始喜歡上集郵（然後在同一時間厭倦集郵）。之後，到了某一個時刻，一件具有分水嶺意義的事件就會發生。他們其中一個，有可能會開始喜歡上文學、科學或嚴肅的音樂，又或是產生宗教信仰。他的生命被這新的興趣所佔滿，而他的兄弟從此再也無法分享到他的全部經驗。於是，他的兄弟就會覺得自己被冷落。

我很懷疑，即使是妻子紅杏出牆的丈夫或丈夫移情別戀的妻子，他（她）所感受到的被遺棄感或嫉妒感，會不會比自感被兄弟（或姊妹）疏遠的小孩來得強烈。他這個階段所嫉妒的對象，僅限於那些把他兄弟目光吸引過去的新事物（文學、科學、音樂或上帝），還沒有包括那些他兄弟因新興趣而將會交上的的新朋友（但這是遲早的事）。在現階段，他的嫉妒會表現為嘲諷：把他兄弟的新興趣說成是「無聊」、「幼稚」，要不就指說他兄弟之所以會熱衷那些事物，只不過是為了表現、炫耀，而不是出於內心的喜好。如果他兄弟愛上的是文學，他就會把對方的文學書籍給藏起來；如果他兄弟愛上的是科學，他就會把對方的科學標本給弄壞掉；如果他兄弟愛上的是古典音樂，他就會在對方聽收音機時硬是把台給轉掉。親愛之情是各種愛中最本能的一種，也是最動物性的一種，因此，發自親愛之情的嫉妒也比發自其他愛的嫉妒來得猛烈。

看到一個被嫉妒充滿的小孩，你難免會聯想到一隻因食物被奪走而露齒咆哮的狗。他這樣反應又有什麼不對呢？要知道，他的食物也是正在被奪走啊！（他的兄弟是他自我的另一半，是他的生命之糧。）他的世界正在傾圮。

但不只小孩會有這樣的反應。在我們這個戰爭已成過去的清平歲月，恐怕沒有那一種敵意，是尤甚於一個無信仰家庭加諸於其皈依為基督徒的子女身上的那一種了，或尤甚於一個無文家庭加諸於其有望成為知識人的子女身上的那一種了。我曾經以為，這只是黑暗對光明的一種本能反應。但稍後我發現，我想的並不對，因為，換成是一個有虔敬信仰的家庭，也同樣對其成為無神論者的子女，深懷敵意。這種敵意，是一種被遺棄者對遺棄者的敵意，甚至可以說，是一種被搶者對搶匪的敵意。有人搶走了我們的孩子！這孩子本來是我們的，現在卻變成是他們的了！他們有什麼權力這樣做！

有時，自感被遺棄者的嫉妒心理還是雙重的，甚至是自相矛盾的。他們一方面會把家裡叛徒的新性向或新信仰譏評為「狗屁不通」、「不值一文」。但另一方面，他們又會感到隱隱的不安。他們擔心：「假如——只是假如，因為不可能是真的——他的選擇是有道理的話怎麼辦？」假如文學真的可以帶給人一些什麼怎麼辦？假如基督教真的可以帶給人一些什麼怎麼辦？假如那遺棄者真的走入了一個美麗新世界怎麼辦？為什麼單單他有資格進去而我們卻被摒諸門外？不公平！但由於這個假設是不可思議的，也是令人無法忍受的，所以，那些嫉妒者最終還是會回到第一個認定上去：「不值一文。」

自感被兒女「遺棄」的父母，要比自感被兄弟姊妹「遺棄」的小孩來得容易調適些。父母的過去是子女所不知道的，所以，不管子女步入的是什麼樣的新世界，父母都可以聲稱自己是過來人，而且，都已經超越了那個階段。他們會說：「那只是個過渡性現象，遲早會過去。」沒有比這更圓滿的解釋了。這是一個無法立刻辯駁的命題，因為它是關於未來的。

「孩子，你的任性會讓你母親心碎。」這句維多利亞時代人最喜歡拿來規勸年輕人的話說的確是事實。當一個年輕人做出某些低於家族精神或道德水平的行為時——如沈迷賭博、酗酒或與女戲子同居——確實會使母親柔腸寸斷。

問題是，即使你的所作所為不是低於，而是高於家人的精神或道德水平，你的母親一樣會覺得受到傷害。我們國家的教育制度之所以不允許資優的學生越級就讀，大概就是因為對這一類人類心理觀察入微的緣故吧？試問，如果允許資優生越級就讀，豈不是會讓懶惰或魯鈍的學生受到「傷害」？

上述所提種種親愛之情的毛病，都是專就作為「有所求的愛」的親愛之情而發的。但作為「無所求的愛」的親愛之情一樣有它自身專屬的毛病。

說到這一點，我就想起了菲傑特太太。她在幾個月前故世了。令我覺得很驚訝的是，菲傑特太太過世以後，她的家人突然變得活潑起來。她丈夫臉上常有的那層陰霾突然消失不見了，甚至開始看得見他露出笑容了。

菲傑特太太兩個兒子中年紀較小的一個，我過去常常覺得他是個易怒、難相處的小孩，但我現在卻發現他變得相當懂事；至於年紀較大的一個，過去除睡覺以外難得在家，但現在卻幾乎整天耗在家裡，而且還動手整理起花園來。

菲傑特太太的女公子，一直被視為是個體弱多病的人（雖然我從來搞不清楚她有什麼病），但現在竟然上起騎馬課來，還整夜跳舞，而且打網球。就連菲傑特家那條狗，現在都成了路燈俱樂部⑩活躍的一員——過去，要不是有人牽著，牠休想踏出家門半步。

菲傑特太太常常說自己是為家人而活著的。這是實話，而她的鄰居也沒有人會否認這一點。他們都說：「她是為家人而活的。多了不起的賢妻良母！」菲傑特太太一手包辦家裡所有的洗衣工作——雖然她丈夫不是付不起衣服送洗的錢，又雖然她的家人都求她不要這麼辛苦。菲傑特太太的家人每天總可以享用到一份熱騰騰的午餐和晚餐（大熱天也是如此）——雖然他們曾噙淚告訴她，他們在晚上愛吃冷食要多些。

菲傑特太太是為家人而活的，這無可置疑。如果你是她的家人的話，那不管你回家回得有多晚，都準會發現有一張焦慮、蒼白、疲敝的臉龐在等著你。那就表示，久而久之，你就會覺得晚歸是件相當無趣的事。菲傑特太太相當喜歡剪裁。她自認為是個出色的業餘裁縫和了不起的打毛線專家（我不予置評）。

當然，如果你不是個沒心肝的人的話，就準會穿上她為你縫製的衣服。教區牧師告訴我，菲傑特太太死後，她家人捐出來濟貧的舊衣物，比整個教區的人加起來還要多。菲傑特太太對家人健康的照料更是無微不至！她把她那位「體弱多病」的女兒的健康往自己身上一肩挑。她從不允許家庭醫師和女兒討論病情，每次聽診過後，他就會被帶到另一個房間去。她女兒被照顧得無微不至，一日三餐都有母親為她把飯食和各種特殊藥物送到床上來。

正如菲傑特太太自己說的，她願意「從手指到每一根骨頭」都為家人操勞。她的家人想制止她，卻力不從心。更糟的是，他們想袖手旁觀也不行。在菲傑特太太為他們忙東忙西的時候，他們必須從旁協助。換言之，他們必須幫菲傑特太太幫他們自己。菲傑特家那條可愛的狗也沒有受到菲傑特太太的忽略。「我把牠當成是我的孩子之一。」她說。她說的是事實，那條狗所受到的「照顧」，絕不會比家庭中的其他成員來得少。不過，由於畜生需要顧忌的事情畢竟比人來得少，所以，只要菲傑特太太一個不留神，牠就會偷溜到垃圾堆或隔壁家的狗那兒去。

教區牧師說菲傑特太太現在可以安息了。我不知道菲傑特太太是不是安息了，但卻可以確定她的家人真的是可以休息了。⑪

類似菲傑特太太對家人的親愛之情，是母性本能的產物，算得上是一種「無所求的愛」。儘管如此，它仍有「有所求」、仍有「需要」的一面：需要別人需要它。菲傑特太太有所不知的是，「給予」的最終目的，是在讓被給予者邁向自立，無須再接受別人的給予。我們養育小孩，為的是讓他們有朝一日可以自食其力；我們教育小孩，為的是讓他們有朝一日不再需要我們教育。當我們可以說出「他們不再需要我了」這話的時候，就是我們的付出獲得回報的時候。

不只母愛會幹出這樣的事來。所有種類的親愛之情，不管它們是出自母性本能還是出自對被需要的需要，都有可能會掉入同樣的陷阱。監護人與被監護人的關係就是箇中的例子。在簡‧奧斯汀的小說《愛瑪》中，愛瑪衷心希望哈麗葉特能找到一位如意郎君，但卻有一個前提：必須是她為哈麗葉特物色安排的如意郎君。就此而論，我所從事的工作——大學教授——也是個危險的行當。一個夠好的老師，理應以把學生教育成自己的批判者為目標。當學生開始批判我們觀點的時候，正是我們應該感到欣慰的時候。這就好比一個劍擊老師應以學生能打敗他、挑去他手中的劍為傲一樣。

不幸的是，不是每個老師都這樣想。我年紀不小了，所以不會不認識古亞茲博士。古亞茲博士把一生心血都奉獻在教學上，他上課時的神采，幾乎可以讓每個學生傾倒。他是學生心目中的偶像。所以，很自然的，一個學生，即使在結束了與古亞茲博士的導師生關係之後，仍然不時會到他家去拜訪，與他討論各種學術上的問題。但奇怪的是，這樣的情形從不會持久。任何到他家拜訪的學生，或遲或早（長則幾個月短則幾星期）總有吃上閉門羹的一天。自此以後，這個學生就永遠從古亞茲博士的賓客名單上被除名了。為什麼會這樣呢？道理很簡單：誰叫他們在最後一次和古亞茲博士論學的時候提出不同意見呢？誰叫他們表現出獨立思考能力，對古亞茲博士的論點提出反駁（有時還是有力的反駁）呢？這是古亞茲博士所無法忍受的。天神佛旦費盡九牛二虎之力才讓齊格菲脫胎換骨成為一個無畏的人⑫，但當齊格菲以無畏之姿向他挑戰時，他卻又暴跳如雷。古亞茲博士注定是一個不會快樂的人。

人常常把他們對被需要的需要宣洩在動物身上。人對待寵物有兩種可能的方式。其中之一是**把寵物當成是我們與自然界的「橋樑」**。我們每個人，或多或少都曾感受過被隔離於自然之外的孤獨。我們的知性過於發達，以致本能都萎縮了；我們的自我意識太強烈了；我們的生活情境都太複雜了。如果能把這一切都擺脫掉有多棒！沒有錯，我們不可能把自己變為動物，但我們卻可以以動物為伴。動物的四條腿，一條是踩在人界，另三條則是踩在自然界。動物是一個中介、一個大使。正如鮑桑葵(Bosanquet)所說的：「誰不希望自己有代表在潘神的宮殿中呢？」⑬養一條狗，等於在你與宇宙的縫隙間架起了一道橋。遺憾的是，很多人不是以這種心態來對待動物的。動物經常受到濫待。

如果一個人強烈地渴望被需要，而又如果他不能從家人身上獲得滿足，那有什麼好方法沒有？有，拿動物來當代替品。於是，我們看到很多寵物，明明已經成年，卻還被當成崽子來照顧，明明是四肢健全，卻被當成殘障動物來呵護。這些動物，被剝奪掉所有屬於天性中的東西，代之以的，是寵物主在牠們身上培養出來、不應該出現在動物身上的嗜癖。碰上這種事情的動物當然是很倒霉，但對寵物主的家人來說，牠可是幫了個大忙：有牠充當接收寵物主垃圾的臭水溝，他們自己就可以逃過一劫了。狗比貓更能勝任當臭水溝的功能，而我聽說，猴子又比狗更勝一籌（理由也許是在於猴子長得更像人吧）。人是會說話的，你把他逼緊了，難保他有朝一日不會跟你翻臉，但動物卻是不會說話的，你怎樣糟蹋牠們牠們都無從抗議（況且牠們大概也不會明白自己受到什麼樣的糟蹋）。

有鑑於此，我敦請那些自稱「因為太了解人所以反而喜歡狗」的人，那些意圖利用動物來作為友情代替品的人，好好檢討一下自己愛狗的真正動機。

我知道，在讀完這一章後，可能會有人如此反應：「當然當然，你說的這一類事情是有可能發生的。自私或神經質的人可以扭曲任何東西，包括愛。但為什麼要強調這少數的例外呢？那些品格高尚的人，只要多一點點理智，多一點點包容，就能防止自己犯同樣的錯誤了。」我對這種意見可以接受，但也不是毫無保留。

首先是有關「神經質」這個字。我並不認為，把我上述提到的那些過當事例解釋成某種病理學上的原因使然，就可以讓我們對事情有更深入的體察。我不否認，有某些人，確實是由於病理上的原因，才會溺於無節制的愛中而不能自拔。碰到這一類人，應盡可能送他們去看醫生。但另一方面，我也相信，任何人，只要他是真誠的，都不會否認自己曾感受過無節制的愛的誘惑。但那並不是一種病。醫藥的責任是幫助我們恢復到「正常的」生理狀態，但貪婪、自我、自欺或自憐都不是不正常的，因為試問，有誰會稱一個完全沒有上述這些傾向的人是正常的呢？事實上，從古至今，完全沒有上述傾向的人只出現過一個：耶穌。但耶穌卻沒有任何一點符合現代心理學家對「健康正常人」的定義：人格整合、平衡，對世界適應良好，有快樂的婚姻，有穩定職業。試問，有那一個自稱「被鬼附著」而且自甘被釘在十字架上的人，是會被現代心理學家歸類為「對世界適應良好」的人之列呢？

其次，沒有錯，上述的意見是認為，在一般情況下，親愛之情是不會為惡的。但你得注意它對這個「一般情況」加上多少但書：品格高尚、理智、包容。如果把這些但書考慮在內，則上述的意見和我的論點是相通的：不懂得自我節制的親愛之情是危險的。如果我們不對親愛之情加以節制，那它將反過來加害於我們。

無節制的愛能對人加害到什麼程度，我想很多人連想像都想像不到。

讓我們再以菲傑特太太為例。你想，菲傑特太太有可能對她所加諸家人的全部苦難渾然不覺嗎？不可能。她會不知道，一個晚回家的人，如果看到有一張臭臉在等著他，原先的快樂心情就會被破壞無遺嗎？不可能。既如此，她什麼仍要一意孤行呢？我想，原因之一是，不如此，她就得面對一個她不願面對的事實：她對家人來說不是少不了的。菲傑特太太不肯罷手的另一個原因是：愈操勞，她就愈不需要置疑自己對家人的愛的真實性。腳愈痠、背愈疼，她愈高興，因為這些疼會向她耳語：「妳這麼累，證明妳是多麼深愛著妳的家人！」不過我想唆使菲傑特太太堅持不懈的，還有一個更深層的原因。家人的不知感激，還有他們那些帶刺的話（例如求她把衣服送洗——要知道，沒有什麼話聽在她耳裡不是帶刺的），都讓菲傑特太太覺得受到傷害，而能夠報復這些傷害的方法，就是堅持下去；菲傑特太太在她的堅持中獲得了恨的樂趣。**如果有誰敢告訴我，他從未在恨中得到過樂趣，那他要不是個騙子就是個聖人**。在菲傑特太太對家人的愛中，早就埋藏著恨的種子了。一個羅馬詩人說過：「**我既愛且恨**(I love and hate)」。這詩句原是專就男女之愛而發，但它一樣適用於其他類別的愛。沒有那一種愛是不攜帶著恨的種子的。**如果人一任愛成為他生活的最高主宰，恨的種子就會發芽滋長。然後它就會成為神，然後它就會成為魔。**

註 釋：

①《項狄傳》（*Tristram Shandy*），十八世紀英國作家斯特恩(Laurence Sterne)的小說：「我父親」是書中主角項狄的父親。

②迪更斯小說《匹克威克外傳》中的人物。

③迪更斯小說《老古玩店》中的人物。

④《楊柳風》（*The Wind in the Willows*），英國作家格雷厄姆(kenneth Grahame)的作品，

是一部動物幻想故事，描述鼹鼠、水鼠、蟾蜍和獾四個朋友的冒險經過。

⑤希臘羅馬神話中司宴樂之神祇。

⑥《哥林多前書》十三章四節：「愛是恆久忍耐，又有恩慈；愛是不嫉妒；不自誇，不張狂……」。

⑦《眾生之路》(The Way of All Flesh)是英國作家巴特勒(samuel Bulter, 1835-1902)的作品。龐提費克斯是小說中的角色之一，他是一位牧師，對待兒子缺乏耐心而又殘暴。

⑧基督教認為，人的救贖終極來說是來自上帝的恩典，而非自身的努力。

⑨齊格菲是中世紀神話傳說中的英雄人物，華格納曾把他寫入自己的音樂劇四部曲《尼布龍的指環》中；《齊格菲》是《尼布龍的指環》的第三部。

⑩路燈俱樂部指的大概是愛鎮日在街上溜躂、在路燈上撒尿的狗群。

⑪英語中安息與休息是同一字。

⑫佛旦(Wotan)和齊格菲都是華格納的音樂劇《齊格菲》中的人物。

⑬潘神：希臘神話中半人半羊的神，住在森林中；潘神的宮殿應是指大自然。

70 — 四種愛

3 The Four Loves

友愛：朋友之愛

FRIENDSHIP

戀人以無遮的身體相向，
朋友則以無遮的人格相向。

戀人是臉對臉的，
朋友是肩並肩的。

當一個演講者是以親情或愛情作為主題的時候，他很容易就可以找到滿心期待的聽眾。那是因為，親情和愛情的重要性與美，早已被人用近乎誇張的方式強調過不下千百遍。即使是那些自覺地反對這個傳統的批判者，也身受其影響而不自知。反觀友情，所受到的對待卻大不一樣。很少有現代人會認為朋友之愛是一種可以和親子之愛或男女之愛等量齊觀的愛，有時甚至連它究竟可不可以稱之為一種愛，也有人存疑。我記不起，自《悼念》①一詩以後，還有那首詩歌或那部小說，是為謳歌友情而作的。特里斯坦和伊索爾德②、安東尼與克麗奧佩脫拉、羅密歐與茱麗葉——這些偉大的古典愛情故事迄今仍有文學家樂於為之演繹；而大衛和約拿丹③、派拉底斯和奥瑞斯特斯④、羅蘭和奥立佛⑤、阿米和阿米勒⑥這些偉大的友情典範，現在卻鮮有問津者。在古人眼中，朋友之愛是所有愛中最超塵絕俗的一種，是生活的冠冕、眾德的典範。反觀現代人，對朋友之愛卻不屑一顧。我們現代人當然不會否認，一個人除了需要有一個太太和一個家庭以外，還需要有一些「朋友」。不過從這種承認口氣的勉強，加上從對現代人實際交友狀況的觀察，我們實在很難把現代人所說的「友情」，跟亞理士多德推舉為眾德之一的那個Phili或西塞羅為之寫了整整一本書的那個Amicitia聯想在一塊⑦。在**現代人的生活中，朋友是很邊緣性的東西，它只是宴席上的副菜，只是供人填塞多餘時間用的填充物。為什麼會變成這樣呢？**

第一個也是最顯然的理由就是，現代人已經很少會體驗到真正的友情了。而**一個人之所以有可能終其一生都沒有體驗過真正的友情，則是根源於友情和其他種類的愛的強烈反差性。**某個意義下，**友情是各種愛中最「不自然」的一種：它最不本能、最不動物性，也完全沒有生存上的必需性。它很少會和我們的神經系統打交道**；它不會讓我們的舌頭打結，也不會讓我們臉紅或臉青。沒有愛情，我們不會被生下來；沒有親情，我們不會受到養育。但沒有友情，我們一樣活得好好的。友情對人類——作為一個物種的人類——的生存來說，並不是必需之物。社會對友情既不喜歡也不信任，沒有一個團體的領袖會樂見自己的成員中有那幾個感情特別密切。

友情的「非自然特質」（故且這樣名之）**也解釋了，為什麼它在古代世界會受到那麼大的禮讚，而在現代世界卻受到那麼大的冷落。**古代世界的思想基調是苦行的、厭世的。而在古人眼中，本能、情緒和肉體都是對靈魂有害之物，都會給人的尊嚴帶來貶損。於是，離自然愈遠的愛，自然會愈受他們青睞。親情和愛情都跟我們的動物性關係太密切了；被愛情籠罩著的人，甚至可以感受得到自己胃的收縮和橫隔膜的翕動呢。但友情卻是光亮的、透明的、理性的（朋友都是人用自己的理性選擇來的），不受任何動物性的羈絆。**在所有的愛中，似乎只有朋友之愛，足以把人提升到神祇或天使的高度**。

不過，這種觀念在其後的歷史階段中受到了挑戰。衝擊首先是來自浪漫主義運動，繼而是來自「回歸自然」的呼籲，繼而是來自感傷主義者對「情感」的高揚；經過這一波波的戰役以後，「激情」的地位終於永久性地確立下來了。接下來，人們開始禮讚本能，禮讚血液中的黑暗神祇——而顯然，男性的友誼是無法充當這位神祇的司祭者的。經過重新洗牌以後，過去友情賴以被稱揚的那些特質，現在全成了它的罪名。跟其他更動物性的愛比起來，它顯得稀薄和蒼白。

友情會落得如此下場，還有一些其他原因。我們的時代傾向於把人僅僅視為是複雜程度較高的動物，於是，凡不能顯示出人類的動物性源頭或生存競爭價值的那些人類行為方式——友情當然是其中之一——一概都會受到質疑。再者，我們時代也是個把集體價值擺在個體價值前面的時代，所以，友情——作為高層次的個體性的展現——會受到排斥，就不足為奇了。**友情就像孤獨一樣，會把個人從集體中抽離出來，但它比孤獨還要危險，因為它是兩或三人一組的抽離**。你在說「這些人是我朋友」這話的時候，等於是說「那些人不是我的朋友」。基於上述理由，現在有誰如果還像古人那樣，對友情的價值深信不疑的話，那他最明智的做法，還是把它藏在心裡，不要公諸於眾。除非他的目的（像我）是想扭轉現狀，那又另當別論。

在為友情恢復名譽之前，有一件煩人但又非做不可的工作需要我先做。有一個謬論有待我去駁斥，那就是：任何真摯的友情，深究起來，都是以同性戀為本質的。

「深究起來」幾個字對這種主張來說是不可少的，因為沒有人會傻到主張任何友情都是自覺或公然的同性戀（其荒謬是顯而易見的），但說任何友情「深究起來」都是同性戀又是另一回事。加了「深究起來」這幾個字，就可以意味友情的同性戀傾向是不自覺的、隱約的、祕密的。這樣的主張，雖然無法自證為真，但你也永遠無法證明其為假。就算你在兩個朋友之間找不到任何同性戀的證據，但持這種主張的人仍然可以振振有辭地說：「這恰恰跟我們預料的一樣。」於是，找不到證據就被他們當成為一種證據，這就好比看不到煙，就被他們拿來當成是火源掩蔽得很好的證據一樣。看不到煙，你當然可以推論火源掩蔽得很好，但你得先證明有火存在才行，否則，你的推論就會跟以下的推論一樣荒謬：「如果那桌子上站著一隻隱形貓，那桌面就應該是空的；如今桌面是空的，可見確有一隻隱形貓站在桌子上。」

那些主張友情是以同性戀為本質的人，在無意中洩漏了自己一個祕密：他們從未交過一個真正的朋友。只要是有過朋友也有過愛人的人，都不會對友情與愛情間的重大分野一無所知。**戀人會把對彼此的愛整天掛在嘴上，但友人卻不會。戀人相處的時候是臉對臉的，心思完全為對方所占據；但友人相處的時候卻是肩並肩的，占據他們心思的東西不是彼此，而是一種位於他們前方的共**

同的旨趣。再者，愛情（我指真正在燃燒的愛情）只限於發生在兩個人之間，但「二」對友情來說卻不是一個必然數字，甚至不是個最好的數字。為什麼「二」對友情來說不是個最好的數字，涉及一個很重要的原因。

蘭伯(Lamb)⑧指出過：如果在朋友甲、乙、丙三人中，甲死了的話，那乙所失去的，將不只是甲，還有「丙在甲中的部分」；丙所失去的，也不只是甲，還有「乙在甲中的部分」。我們的每個朋友，都有著需要經由其他朋友牽引才會充分凸顯出來的部分。我們單靠自己，是無法讓一個朋友整個人動起來的；沒有其他光源的照明，我們不可能看得見他的其他側面。我的好朋友查爾斯⑨現在已經不在人世了，他的死，讓我再也沒有機會看見龍納德聽他說笑話時那樂不可支的表情。查爾斯的死並未讓我占有更多的龍納德，相反的，隨著查爾斯之逝，我所能擁有的龍納德反而更少。也因為這個緣故，朋友之愛是各種愛中嫉妒成分最少的一種。兩個朋友間的樂趣，會因第三個朋友的加入而增加，三個朋友間樂趣，會因第四個朋友的加入而增加，如此類推。我想，一群朋友在看見有新朋友加入他們的時候，想說的話和《神曲》裡那些得救的靈魂看見有新靈魂加入他們行列時所說的是一樣的：「啊，又來了一個可以增大我們的愛的靈魂。」朋友的愛和天國中的愛一樣，都是一種「不會因分割而減少」的愛。每一個居住在天國的靈魂，都各從自己的角度睹見主的聖容，於是，加入天國的靈魂愈多，全體靈魂對主聖容的認識就愈全面。一個作者說過，這正是為什麼眾撒拉弗(Seraphim)⑩會在主前彼此呼喊「聖哉、聖哉、聖哉！」的原因。(事見《舊約‧以賽亞書》六章三節)。分享天國之糧的人愈多，我們能分到的天國之糧就愈多。

基於上述考慮，我覺得視友情為同性戀的偽裝的觀點連一絲絲可信的成分都沒有。我並不否認友情和同性戀有結合的可能。在某些特定的社會或歷史時期，似乎真的有過這樣的結合。在好戰的社會裡，這樣的事情尤其可能，因為頻繁的戰爭活動會讓男性遠離女性，驅使他們把情愫移轉到戰友身上。儘管如此，某一社會是否有這樣的情形發生，是一件要需要靠證據來判斷的事情，不能光用一個先驗的(a priori)理論來一以蓋之。但所謂的證據，也必須要是恰當的證據才行。男性間的親吻、流淚和擁抱，是不足以作為證據的。赫羅斯加

(Horthgar)不也擁抱過貝奧武甫(Beowulf)嗎?⑪約翰生(Johnson)不也擁抱過鮑斯韋爾(Boswell)嗎⑫?塔西佗(Tacitus)⑬書中那些怒髮髯虬的老百夫長，在軍團潰敗後，不也互相擁抱，要求對方給自己最後的親吻嗎?難道說，他們全有……斷袖之癖嗎?如果你會這樣推論，那我就不知道這個世界有什麼是你推論不出來的了。從更大的歷史視角來看，真正值得探討的問題，不是為什麼古人在朋友之間會表現出這一類親昵的行為，而是為什麼我們不會。真正不對勁的人是我們，不是他們。

我說過，在各種人類愛中，朋友之愛是最不動物性的一種。友情不管是對個人或群體的生存來說，都不是不可少的。可是有另外一種物事，一種人們常常把它跟友情混淆不別的物事，卻是任何人類群體要生存下去所不可或缺的；這物事，雖不是友情，卻是友情的母體。

在早期的人類社會裡，打獵或戰爭的需要提供了男性攜手合作的契機。男性不願攜手合作的社會，其能生存的時間，不會比一個不願養育小孩的社會長。早在歷史展開以前，我們男性就已經明白，要生存，就有必要不時離開妻兒，與其他男性一起共事。但我們不但需要一起做某些事，還得一起討論、商議事情。在從事打獵或戰爭之前，我們必須一起籌畫，而在打獵或戰爭過後，我們又必須一起檢討得失。我們會嘲笑和懲罰那些懦夫和飯桶，褒揚那些表現傑出的人。我們會探討一些技術方面的問題（「他大概沒想過，要不是風向幫忙，他根本不可能走近那頭畜生。⑭」「你看，要不是我的箭簇比較輕，根本射不了那麼遠。」「要這樣刺法，看見沒有？要像我這樣握竿子。」）透過意見、觀念、技術的分享，透過同甘苦、共患難，男性與男性間得以結成一個緊密的團體。

史前時代女性間的互動情形又是怎樣的呢？我是個男人，又從未偷窺過善德女神（Bona Dea）的祕密半眼，我怎麼會知道！當然，可以猜想，史前時代的女性，應該也會有一些只限女性參加的儀式活動才對。而在農事由女性掌控的地方，女性間一定也有分享彼此技術、辛勞和哀樂的機會。不過，在我看來，我們這個世界始終是偏袒男性要多些的。女性有小孩需要照顧，有時還有老人家需要照顧，故一般而言，女性與女性共事的機會應是很有限。不過這些都只是猜測。說到底，我是個男的，就只合該從男性一方去追溯友情的起源。

如果你高興，大可把男性對純男性團體生活的喜愛稱之為一種「合群本能」的產物。不過，依我看來，以「本能」二字來稱呼這種現象，等於是用我們較不熟悉的事物來稱呼我們較熟悉的現象——一種我們在軍官公共生活室⑮、撞球間、教師休息室、彌撒或高爾夫俱樂部隨處可見的現象。所以，我寧可稱之為同伴之誼(Companionship)。

同伴之誼僅僅是友情的雛形，但人們卻常把它誤當成友情。現在人們口中所說的朋友，其實更多時候只配稱為同伴(companion)。我說這個，並不是認為同伴之誼不值一文。畢竟，我們不會因為銀不是金，就說銀毫無價值。

當一群同伴當中，有兩或三個在無意中發現彼此共享某種旨趣、觀點或品味，而那是不見於其他同伴身上的時候，友情就告萌芽了。最能反映友誼萌芽的語句是：「什麼，你也是？我還以為只有我一個是這樣呢？」我們可以想像，在太古時代，每隔一段時間（也許是百年，也許是千年），總會有某些個人獨具慧眼，看出別人所看不見的事情：鹿不但是可吃的，也是美的；狩獵不只是一種必需，也是一種樂趣；神不但是可畏的，也是聖潔的。不過，假如這些別具慧眼的個人，至死都找不到與自己所見略同的人的話，那我猜就什麼事情就都不會發生：不會有藝術，不會有運動，也不會有高層次的宗教誕生。然而，一旦這樣的兩個人發現了彼此，友情就告萌芽了。但與此同時，這對朋友立刻就會發現，他倆已被巨大的孤獨所包圍。

愛和孤獨是分不開的。不管兩個朋友本身願不願意，但**只要他們成為朋友，他們就會發現他們是孤獨的，就會發現在他們與群體之間豎起了一道藩籬**。他們會希望減少這種孤獨。他們會樂見有第三個朋友加入他們中間。

在我們的時代，友情也是同樣以同伴之誼為土壤的。當然，現在讓我們滋生出同伴之誼的那些共同活動，已遠不限於狩獵或戰爭。現在，讓我們滋生出同伴之誼的，有可能是相同的宗教信仰，有可能是相同的研究課題，有可能是相同的職業，也有可能是相同的休閒活動。所有與我們分享上述事項的人都是我們的同伴，但這中間，只有和我們再分享更多一些些什麼的那一兩個或兩三個人，才會是我們的朋友。誠如愛默生(Emerson)所說的，**在友情之中，「你愛我嗎？」這句話是與「你看到我所看到的真理了嗎？」同義的，最少，是與「你

像我一樣在乎這個真理嗎？」是同義的。某人是不是同意我們對某些問題的重視，對他能不能成為我們朋友，是個關鍵。（但他不倒一定要同意我對這些問題的回答。）

同伴之誼是在共事中產生的，如狩獵、研究或繪畫等。朋友也會在一起做事情，只不過一起做的，是內向得多、難界定得多的事情。他們仍然是獵人，但他們獵的，是某種非物質性的獵物；他們仍會合作，但致力的，卻是世界沒有人在意的工作；他們仍是旅伴，但從事的是另一類的旅行。唯其如此，我們才會把戀人說成是臉對臉，而把朋友說成是肩並肩的：**一對朋友的目光，總是望向前方的**。

這也是為什麼那些一心只把目標放在「交朋友」的人永遠都不會交到真正的朋友的原因。要交到一個好朋友，我們就應把目光放在朋友之外的事情上。如果你對「你看到我所看到的真理了嗎？」這個問題的回答是「我看不到你說的真理，我也不在乎。我只渴望有個朋友。」那麼，友情是永遠不會為你而降的（親愛之情則有可能會）。友情總是指向(about)一些什麼事情的——那怕只是骨牌遊戲或是實驗室裡的白老鼠。**本身沒有東西可與別人分享的人，不可能分享到別人什麼；那裡都不打算去的人，也不可能有人願意當他的旅伴。**

如果兩個發現彼此志趣相投的人是異性的話，那他們的友情在很短時間內——搞不好只需半個小時——就會導向愛情。除非他們的外表互不吸引，又除非他倆（或其中一個）早已心有所屬，否則，這樣的事情遲早總會發生。友情固然可以導出愛情，另一方面，愛情也有可能會導出友情。但愛情與友情的這種互相導向性，非但不會泯滅愛情與友情的原來界線，反而會讓它變得更加昭明：如果一個人本來是你的朋友，但稍後成了你的愛人，你很顯然不會願意和任何第三者分享你倆間的愛情，但你卻絕不會不願意第三者分享你倆間的友情。

我在上文一再強調，友情對人類的生存來說不是不可少的，我知道一定會有人持異議。

第一類反對者會列舉歷史上的種種事例來證明友情對群體的貢獻。他們會說：「試問，那一種高層次的宗教，最初不是醞釀在少數幾個朋友之間，然後才慢慢普及化的呢？試問，如果不是有幾個志同道合的古希臘人，常常一起討論數字、線條和角度的問題，會有今日的數學嗎？試問，當初要不是有幾位喜歡利用餘暇聚在一起討論學問的紳士，會有我們今天的皇家學會嗎？試問，我們現在所說的『浪漫主義運動』，最初不是華滋華斯和柯立芝這對朋友聊天聊出來的嗎？即使把共產主義、牛津運動、衛理公會派⑯、廢奴運動、宗教改革和文藝復興全都溯源至友情，也不為過。」

這固然有幾分道理。不過，我想每一位讀者會同意，上述清單中所列舉的項目，並不全然是正面的東西（儘管不同讀者對其中那些是好東西那些是壞東西會有不同意見）。所以，如果我們接受它們是由友情造就出來此一說法，那我們也得承認，友情雖然有可能嘉惠於社會，也有可能會加害於社會。而即使從它嘉惠於社會這一面來看，它的功勞也不在於讓一個社會得以生存下去，而是在於讓社會變得更美好。生存價值和文化價值在某些歷史時期或某些情境中是會有重疊的可能，但這種重疊並不是必然的。另一點可以確定的是，即使友情能為社會結出美好的果實，這通常都不是刻意為之的結果。所以，像羅馬時代那種專為社會目的而設計的宗教，或埃及和巴比倫那種以實用為出發點的數學，在經過時間的淘洗以後，即雁過無痕；**真正對人類文明作出永恆貢獻的數學，反而是幾個完全沒有想過實不實用問題的古希臘友人，以從事休閒活動的心態發展出來的**。

第二類的反對者則雖然不認為友情對社會的生存能有什麼裨益，卻認為它對個人的生存深具價值。要引經據典來證明這種主張毫不困難。古人不是說過**「沒有兄弟跟在身後的人背部是裸露的」**，又不是說過**「一個朋友跟你會跟得比一個兄弟緊」**嗎？但當我們用這樣的方式來證明朋友的重要性的時候，我們不過是在該使用「盟友」(ally)這個字眼的地方，偷偷換上「朋友」這個字罷了。「朋友」一詞的內涵，要比——最少是理應要比——「盟友」來得寬廣。一個朋友，在你有需要的時候，當然會成為你的盟友：他會在你拮据時接濟你，在你生病時照顧你，在你遇敵時保護你，在你死後盡其所能照顧你的妻子兒女。但這些事情並不是友情的內核，而只是它的外圍。**施惠者的角色對友情來說甚至是尷尬的，因為友情不是一種需要被人需要的親愛之情。對友情來說，甚至感**

激也是多餘的事——「沒什麼！」這句老話最能道出友情這種感受。友情的真正標記不在它在朋友有需要時會伸出援手（它當然會），而在於它覺得這種作法根本不值一提。**我們能相處的光陰這麼有限，把時間花在說感激的話簡直是可怕的浪費！**

我們不會對朋友的私事感興趣。友情不像愛情那樣，渴望洞悉對方的一切。即使兩個朋友不知道彼此已婚未婚、從事什麼職業，也完全不妨礙他們成為朋友。畢竟，生活上的瑣事跟那個關鍵性的問題——「你看到我所看到的同樣真理嗎？」——一點關係都沒有。**在真正的友情之中，每個人代表的都只是他自己，別無其他。**沒有人會著意朋友的家庭、職業、階級、收入、種族以至過去。當然，到頭來這些你都一定會全曉得，不過那不是刻意問出來的結果，而是一點一滴從交往過程中自然披露出來的。兩個朋友猶如兩個在第三地碰面的王子，原來的身分地位都已變得不重要。在友情之外的場合，我們除了是彼得或珍妮以外，還總有一個身分：丈夫或太太、兄弟或姊妹、上司、同事或下屬；但在友情中，我們只是我們自己，只是赤條條的心靈。**戀人以無遮的身體相向，朋**

友則以無遮的人格相向。

因此，**友情可以說是最任意而不須負責任的一種愛**（希望讀者不會誤解我的這種講法）。在這個世界上，**我沒有責任要成為任何人的朋友，也沒有任何人有責任成為我的朋友**。友情不會宣稱自己擁有什麼權利；**它不是必需品，就像哲學、藝術和宇宙不是必需品一樣**（上帝不是非創造宇宙不可的）。**它沒有任何生存競爭上的價值，但卻可以賦我們的生存以價值**。

為了說明友情和愛情的分別，我曾經把戀人形容為臉對臉而把朋友形容為肩並肩。但希望讀者不要從這種比喻中引申太多。朋友雖然是因為舉目於同一個方向或專注於同一個目標才成為朋友的，但他們並不會因為全神貫注於前方的目標物而忽略了彼此。正相反，前方的目標物恰好是朋友相愛和相知的介質。沒有人會比你的朋友更了解你。旅程上的每一步，都是你們相互了解的試金石。**如果從一開始，你的專注就是放在朋友身上而不是放在彼此的共同關懷上，你反而無法愛他或了解他那麼深。想要跟一個戰士、一個詩人、一個哲學家或一個基督徒相知相契，光用愛人的眼神看著他們是無濟於事的，你必須與他們一

起戰鬥、一起讀詩、一起辯論或一起禱告。

由於友情所包含的「激賞之愛」既大且深，以致於身處一群朋友中間的人，**都會在內心深處，用最謙卑的目光仰視他的友人**。他會懷疑，自己怎麼會被這樣優秀的一群人所接納；他會慶幸，自己竟沒有被這樣優秀的一群人所厭棄。能和這樣一群朋友把酒言歡，縱論天下事，以最悠閒的姿態互處，以最平等的方式相待——生命所賜予人的，沒有比這更大的禮物了。而我們又何德何能，竟然能享有它！

從上述的討論，我們就可想而知，在大部分歷史時期的大部分社會裡，友情都只限發生在男性與男性或女性與女性之間。**異性之間容或會發生愛情，卻鮮少成為朋友**。**原因出在兩性之間缺乏可以共同參與的活動**，而我說過，**共同的活動乃是友情的母體**。當男性有接受教育的機會而女性沒有，當男性從事的是一些外向性的工作而女性從事的是內向性的工作時，交集就很難產生。不過，男女之間所以難於成為朋友，也純然是出於此，而非性別差異本身使然。只要男女能成為同伴，他們就有可能成為朋友。因此，在大學、文學界、藝術界或宗教團體這些兩性都能涉足的領域，男女之間的友誼就要普遍得多。當然，男女交往偶而會導致一些痛苦和尷尬的結果：例如，**有可能一方會以為彼此是在交朋友，而另一方則誤以為彼此是在談戀愛。又有時候，起於友情的交往會以愛情告終**。不過，說友情有可能會被誤為愛情或友情有可能轉換為愛情，並不意味著友情和愛情是沒有分別的。事情剛好相反，如果它們不是有分別的，我們也不會用「被誤為」或「轉換為」這樣的字眼了。

我希望，以上的討論已經可以讓讀者弄明白，為什麼我會認為，我們的祖先把友情視為某種超塵絕俗的情愫，是有一定的道理的。**友情不受本能、義務和嫉妒的羈絆，可堪稱為一種不屬世**(spiritual)**的愛**。我猜想，**天使與天使間的愛，與友情很可能是同一種**。那麼，我們是不是可以說，我們終於在各種人類愛之中，找到一種完全沒有雜質的愛呢？

我勸讀者不要下結論下得太倉促。雖然我說朋友之愛是一種不屬世的愛，但我們也不能忽視「不屬世」這個詞的歧義性。在新約聖經的很多章節裡，「不屬世」一詞都與「屬靈」一詞同義，而這個意義下的「不屬世」，當然只會好不會壞。不過，「不屬世」一詞也可以是相對於「肉身的」、「動物性的」或「本能的」而言，而這個意義的「不屬世」，則不一定都是正面的。世界上固然有精神層面(spiritual)的善，但也不是沒有精神層面的惡：固然有聖潔的天使，但也不是沒有不聖潔的天使。在人所能犯的眾多罪中，最糟糕的一種還是精神層面的呢！職是之故，雖然我們認定朋友之愛是一種不屬世的愛，但仍不能就以此斷言它一定是聖潔無瑕的。要論斷友情是不是聖潔無瑕，我們得先對三個很重要的現象加以考察。

第一個現象我們先前已經提過，那就是：每個統治者都會敵視存在於其臣民之間的親密友誼。這種敵視可能是不合理的，但也有可能是有道理的。

第二個現象是：社會上的大多數，就像統治階層一樣，總會對親密的朋友關係投以不信任的眼神。他們用種種帶有貶意的量詞來稱呼由朋友結合而成的團體：一夥、一小撮、一幫、一票，等等。那些只體驗過親情、愛情而不知友情為何物的人，喜歡把友情的結合體形容為「自命不凡、孤芳自賞的小集團」。當然，這都是嫉妒心理作祟的結合。儘管如此，**嫉妒心在攻擊一樣事情的時候，**

總是會找它最脆弱的部分下手，所以，嫉妒者的批評，也總是最接近於事實。有鑑於此，對這一類的批評聲音，我們有細加考察的必要。

最後一個現象和聖經有關。聖經喜歡用親子關係或男女關係來說明神與人的關係（例如把上帝稱為世人的父，把基督稱為教會的新郎），卻很少——雖然不是完全沒有以——朋友關係為喻。如果朋友之愛真是那麼超凡入聖的話，為什麼聖經反而忽視它呢？

讓我們從第一個現象研究起，讓我們看看，**為什麼統治當局會不樂見真正的友誼發生在它的臣民之間**；明白了這一點，我們對友情的本質也將有更深入一層的體認。我說過，當兩個或以上的同伴發現他們共享著某種其他同伴所沒有的觀點或旨趣時，友情就告萌芽了。不過，值得注意的是，少數幾個朋友所共享的觀點，不見得就一定是有建設性的觀點。藝術、哲學、高層次的宗教或道德理念，固然都有可能首先是在幾個朋友之間激盪出來的，但酷刑、食人風俗或活人獻祭這些人類文化的糟粕，也未嘗不可能是朋友之間遐想出來的勾當。試問，我們中間，又有誰年輕時沒體驗過友情的這種兩面性呢？第一次碰到一個和自己一樣愛好文學的朋友時，我們固然會欣喜莫名（他讓我們明白喜愛文學並不是什麼丟人的事），但第一次碰到一個和自己一樣耽於某種壞嗜癖的朋友時，我們的高興並不會就少些。又何止年輕人是如此？即使是到了像我這把年紀的人，仍然很難不把某個與我們有相同仇視或討厭對象的人引為莫逆（像我就很難不把某個跟我一樣看出副校長顢頇無能的大學同僚視為知己）。

當一個人身處一群共通性很低的同伴之間時，如果他有什麼很特別的觀點的話，他會把它藏在心裡，不敢啟齒，這一來是出於靦腆，二來則是因為對自己觀點的正確性沒有把握。但一旦你把他改放到一群同聲同氣的朋友之中，不出半小時，他就會把自己的見解當成無可置疑的真理那樣高談闊論起來。**一個朋友的認同，抵得過上千個外人的質疑**（而當一個人的自我肯定經朋友強化到一定程度以後，則就算朋友不再在身邊，他仍會自信不疑）。我們只在乎朋友的褒貶，因為只有他們充分了解我們，也因此才有資格褒貶我們。他們的誇獎會讓我們如上雲霄，他們的批評會讓我們如喪考妣。早期的基督徒要不是只在乎「教會弟兄們」的目光，而對社會上異教徒的攻訐充耳不聞，就不會在飽受迫害的情況下仍能堅持不輟了。不過，換作是一群罪犯或一群有怪癖的人，一樣可以透過朋友的互相肯定而對自己行為的正當性深信不疑；他們會對外界的批評置若罔聞，所有批評者看在他們眼裡，都不過是「偽君子」、「假道學」罷了。

由此可知**統治者為什麼會對友情大皺眉頭。任何一夥真正的朋友都是一群分離主義者，甚至可以說是一群叛逆者**。這種叛逆，既可以是一群嚴肅思考者對陳規成見的叛逆，也可以是一群標新立異者對善良風俗的叛逆；既可以是一群真正藝術家對貧乏審美觀的叛逆，也可以是一群濫竽充數者對良好品味的叛逆；既可以是一群好人對社會的壞的叛逆，也可以是一群壞人對社會的好的叛逆。**叛逆的方向可能迥異，但其不受統治階層歡迎的程度則一**。每一個朋友群都有自己一套行事為人的標準，而這套標準就像一座要塞一樣，把他們跟社會大多數人的意見隔離開來。所以，任何的朋友群都是對社會的一股潛在反抗力量。**擁有真正朋友的人都較難被駕馭或支配：好的統治者會發現他們很難被糾正，壞的統治者會發現他們很難被腐化**。

古人看出了友情可以為善的一面，卻沒有看出它可以為惡的一面。友情是一把兩面刃，它可以讓好人變得更好，讓壞人變得更壞。不過，我們沒有必要在這一點上再多費筆墨。讓我們真正關心的事不是惡質的友情會帶來什麼樣的惡，而是**優質的友情會潛伏著什麼樣的危險**。朋友之愛，就像其他的人類愛一樣，都有它本身特別容易感染的疫疾。

上面已經說過，**所有的友情**，不管是優質的友情還是惡質的友情，**都會讓身處其中的人對外界的聲音充耳不聞**。就以集郵這麼微不足道的事情來說好了，一群因醉心集郵而彼此引為知己的朋友，對上百萬把集郵視為無聊之舉的人的意見是不會放在心上的。這當然不一定是件壞事。當初要不是有一小群志同道合的朋友，對數百萬把風災歸咎於巫術的人的意見充耳不聞，我們今天也就不會有氣象學這門科學了。問題是，這種對外界意見局部性的充耳不聞，有時候會演變成全面性的充耳不聞。這一點，我們可藉中世紀騎士階級對庶民階級的態度來做說明。從傅華薩(Froissart)所纂的編年史中，我們清楚看到了中世紀騎士階級對庶民階級的漠視，到達何等嚴重的程度。當然，這種漠視是事出有因的。騎士引以律己的，是要求很高的行為準則：勇氣、慷慨、謙恭、榮譽感。但這些，看在畏首畏尾、斤斤計較的庶民眼裡，無不是愚蠢可笑的行為。騎士階級為維持自己的信念，只得對庶民的意見不屑一顧。這種「不屑一顧」原屬合情合理（沒有騎士的堅持，恐怕我們現在所信守的行為準則就要不堪很多了），問題是，當騎士習慣了對庶民的漠視以後，他們所漠視的，就不只是庶民的愚見，而兼且是庶民對正義和憐憫的哀求聲了。於是，原來出發點高尚的局部性充耳不聞，到後來就演變成妄自尊大、毫無憐憫之心的全面性充耳不聞。

一個朋友群當然不能和握有權力的騎士階級相比，但他們會犯上的毛病，卻跟後者沒有兩樣。也就是說，他們也會像騎士階級一樣，把對「外人」的漠視絕對化。以文學界或藝術界的朋友群為例，本來，文學家或藝術家漠視普羅大眾的文學或藝術品味，是件完全合情合理的事，問題是，久而久之，他們就會以為，他們有權漠視普羅大眾所有的價值觀和行為準則：包括自己付自己的帳、剪指甲、待人客氣等。不管一個朋友群犯的是那些毛病（沒有一個朋友群是不會犯上某些毛病的），這些毛病都是無藥可醫的。但這還不是問題的全部。一個朋友群對外界意見的局部性充耳不聞，原是以某種合理的優越感作為基礎

（那怕那只是基於對郵票有比一般人豐富的知識），但這種合理的優越感很容易會自我膨脹，變成目空一切的優越感。而目空一切的優越感在面對「外人」的時候，態度就不僅止是漠視，而更且是藐視了。一旦一個朋友群感染上目空一切的優越感，它就終將會轉化成一種很類似階級的東西：一個小集團，一群自封的貴族。

我說過，在一群真正的好朋友之間，每個人都會很謙卑。每個人都會覺得其他朋友比自己優秀，都會覺得自己能被這樣一群優秀的朋友接納，是僥天之倖。問題是，**他們**換個角度看就成了**我們**（因為我是他們的一員）。於是，對朋友的謙卑很容易就會引申出對外人的驕傲。

任何擁有一群好朋友的讀者，在聽了我上述分析以後，想必都會覺得自己和自己一群朋友並未犯上同樣毛病。我也一樣。不過，探討這個問題的時候，我們最好不要從自己的情況切入。我想，每位讀者應該都一定和我一樣，有過被其他小圈子視為是圈外人的經驗吧？

有一次，我在一個會議上碰到兩個牧師（他們顯然是要好的朋友）。交談的時候，他們提到，依他們之見，除上帝以外，宇宙間還存在著別種「創造的力量」。我問他們，既然《信經》上明白寫著上帝是「所有可見與不可見之物的創造者」，那麼，宇宙間除上帝以外，又怎麼會有其他不是受造之物呢？聽了我的質疑以後，他們對望一眼，然後莞爾一笑，不發一語。我不反對他們笑，但我也希望他們用話來回答我的問題。他們的笑，倒不是那種嘲諷式的笑，而是有點類似美國人在說「你怎麼這麼可愛！」這句話時候的意思，也類似大人聽見小孩問一些傻問題時所發出的會心微笑。他們的笑讓人強烈的感覺到，他們住是在一個高別人一等的星球上的。他們對待我的態度，讓我聯想起騎士對待庶民的態度、大人對待小孩的態度。

上述兩位年輕牧師都是有高知識水平的人。不過，優越感並不只存在於高知識水平的人身上，連再平凡的人都逃不出它的魔咒。當然，平凡人表現優越感的方式會來得粗糙一些。這一類的例子我們絕不會陌生：一群舊生對一個新生的態度，兩個老兵對一個「菜鳥」的態度，酒吧或火車廂裡一群喧鬧的朋友對一個落單的陌生人的態度——這些全是「圈內人」對「圈外人」的傲慢態度的活生生的例子。「圈內人」喜歡在「圈外人」面前講一些只有他們自己才聽得懂的話，他們要讓你明明白白的意識到，你自己是個「圈外人」。例如，他們在「圈內人」面前提到彼此的時候，喜歡使用教名或外號，「圈內人」當然不知道他們指的是誰，但這正是他們的目的：讓那位「圈外人」一頭霧水。我在年輕的時候認識一位仁兄，他在提到自己的朋友時，喜歡用以下的方式：「正如李察•布登有一次所說的……」。當時我很年輕，年輕得不敢承認自己不知道李察•布登是何許人，因為聽他講話那語氣，就像是每個人都應該知道李察•布登是誰似的。如果你說自己不知道，等於是承認自己的無知。只有到了很後來，我才曉得，原來在場的人，沒有一個知道李察•布登是誰。

每個朋友群都會透出一股傲氣。如果你以為自己的朋友群可以獨免於此，就未免太天真了。不過，你會這樣想也無可厚非，因為最難嗅到自己身上傲氣的人，非自己而莫屬。我們甚至可以說，**傲氣和友情是分不開的**。**不排他的就不成其為友情**。雖然這種排他是無可避免的，有時候也是無可厚非的，但它卻很容易被絕對化。任何以合理理由為基礎的排他，只要一個不小心，就會淪為為排他而排他，又再一步，就會淪為為排他的樂趣而排他。到那時候，最初把一群朋友聚合在一起的那個共同旨趣或目標就會悄然死去。**這群朋友從此變為純為結黨而聚合在一起的一群人，變為是一群自封的貴族**。

有時，這樣的一群人不只會閉起門來孤芳自賞，還會把指爪伸展到現實世界上去。過去，它的成員，是因某種共同旨趣而凝聚在一起，但現在，它會吸納的，是那些可以引為奧援的人。它變成了一個勢力集團。它的成員資格變成是一種具有政治屬性的東西——雖然它活動的領域不見得是政壇，而也可以是軍隊、大學或教會。現在，它的主要職志變成了搶地盤、佔位子，共同鬥爭非我族類；而當初以上帝或詩作為話題的一群人，現在談的都是怎樣擴權，怎樣謀私。這樣的團體，最後會走上什麼樣的命運呢？上帝對亞當說過：「你本是塵土，仍要歸於塵土。」我想，一群人以結黨營私為職志的朋友，命運和亞當是一樣的：歸回到它所從來的地方，換言之，是還原為一群基於實際需要而聚合的「同伴」。他們會重新回復史前時代的獵人身分——雖然他們現在亟亟於獵取的，不再是猛獸，而是名位。

社會大多數的意見不一定是對的，但也不一定是錯的。當社會把一切友情都貶為自負和優越感的產物的時候，它錯得無可再錯；不過，當它指出**自命不凡是友情常落入的陷阱時**，則是完全公允的。**由於朋友之愛是人類愛中最不屬世的一種，所以它所會落入的，也是最精神層面的陷阱**。我說過，天使間的愛，有可能和朋友之愛是同一種。不過，人是凡夫，所以，人想要能享受天使所享受的愛，就非得先給自己加上兩三重防護罩不可。

我想，我現在可以對聖經為什麼很少用朋友之愛來比喻上帝之愛這一點，做個大膽的猜測了。朋友之愛是一種太不屬世的愛了，以致於它反不適合作為屬靈事物的象徵。至高與至低形影相隨。當聖經把上帝喻為世人的父、把基督喻為教會的新郎時，除了極愚騃的人以外，大概沒有誰會以為，上帝和世人真是血緣上的父子，基督與教會真是世間意義的新郎新娘。但朋友關係則不同，朋友之愛太不屬世了，用它來比喻上帝的愛的話，很容易會讓人誤虛為實，把一種有雜質的人類愛，等同於無瑕疵的神聖愛。

朋友之愛就像其他的人類愛一樣，是無法自我救贖的。由於朋友之愛是一種不屬世的愛，它所面對的敵人就顯得更狡獪難識。朋友之愛如果希望自己的甜美能常保不失，那它就得仰賴上帝的守護。不妨想想，朋友之愛能走的路有多狹窄：一方面，它要盡力避免流為一個孤芳自賞的小集團，但另一方面，如果它缺乏了彼此欣賞，又夠不上稱為朋友之愛了。《天路歷程》中基督女徒（Christiana）與其伙伴的相互觀感，很可以作為美好的朋友之愛的一個寫照：

她們看到對方的樣子，都很驚訝，因為她們都只看見對方身上的光輝，而看不見自己身上的光輝。於是，她們開始變得尊敬對方多於自己。女徒對心慈說：「你比我更美。」心慈對女徒說：「你比我更好看。」

不過，可不要忘了，基督女徒和她伙伴的這種相互敬仰，是發生在什麼時候的。那是發生在她們到達「曉示之屋」（House of the Interpreter），經過沐浴、打印和穿上「白色聖衣」之後的事。我想，朋友之愛如果不想陷入魔道，就不能忘了沐浴、打印和更衣這些步驟。⑰以層次愈高的事物為基礎的友情，愈不能遺忘這一點。如果是以宗教信仰為基礎的友情，遺忘這一點更將是致命性的。

我們常常以為，我們的朋友，是我們靠著自己的眼力，從千百萬人中間挑選出來的（於是我就以為，我們和我們的朋友高出所有人一等）。其他種類的愛並不會帶給人同樣的錯覺。親情只會發生在有血緣關係的人身上，而血緣關係是由不得我選擇的，其理甚明；至於愛情，大量的情歌和情詩都已經表明，我們會不會愛上一個人，是一件身不由己的事情；有可能是丘比特的神箭在作怪，也有可能是基因在作怪，但反正決定權就不是操之在我。不過，由於友情完全不受血緣關係或生理反應的羈絆，遂使我們誤以為，朋友完全是出於我們主動的選擇。這是不正確的。我們現在的朋友，要是他們的出生日期再早幾年或晚幾年，居住的地點離我們再遠幾英里，當初上大學時候選了不同的志願，服役的時候被分派到的是不同的部隊，那他們現在就很可能不會是我們的朋友了。而對一個基督徒，嚴格說來，更完全無所謂選擇權這回事。那全是一個看不見的司祭者在作的工。

耶穌曾對門徒說過：「不是你們揀選了我，而是我揀選了你們。」祂的話也適用於一群基督徒朋友之間：「不是你們揀選了彼此，而是我為你們揀選了彼此。」友情不是我們超群眼力和過人品味的獎品，而是上帝向我們揭示別人身上美好素質的工具。我們的朋友雖然優秀，但他們並不因此就比其他千百萬人更突出；要不是上帝用友情雪亮我們的眼睛，我們不可能從千百萬人中間看得見他們。

朋友的美，就像世上所有的美一樣，都是以上帝為原點的。上帝先是用友情打開我們眼睛，讓我們在初識時即看見朋友身上散發的美，接下來，祂又透過深化的友情，讓我們更深刻地領略到朋友的美。所以，上帝既是創造者，又是揭示者。在友情這場盛宴中，上菜的人是上帝，選擇賓客的人也是上帝。所以，我們在享用這頓盛宴的時候，千萬不可忽略了主人的存在。

不過，我也不是說，在上帝的筵席上，我們就非得整天戰戰兢兢不可。上帝是歡笑的創造者，祂不會允許我們這樣做。人生一個不易駕馭的微妙處即在於，它常常在要求你承認某些事情具有高度嚴肅性的同時，也要求你用最輕鬆的心情去對待之。這一點，我在下一章會有更詳盡的鋪陳。目前，我只想引鄧巴⑱明智的詩句為本章作結：

人，愉悅你的創造者，時時保持歡笑，
不要用你的歡笑，去換世間一個紅櫻桃。

註釋：

①《悼念》(*In Memoriam*)：英國詩人丹尼生的作品。

②特里斯坦(Tristan)和伊索爾懷(Isolde)分別是中世紀英雄故事《特里斯坦》的男女主角。兩人最後因無法結合，含恨而終。

③大衛與約拿丹的友誼，見《舊約・撒母耳記上》十八章一～四節。

④派拉底斯(Pylades)和奧瑞斯特斯(Orestes)都是古希臘神話故事中的人物。

⑤羅蘭(Roland)和奧立佛(Oliver)：中世紀法國敘事詩《羅蘭之歌》中的人物。

⑥阿米(Amis)和阿米勒(Amile)，法國古文學作品中的人物。

⑦Phili是友情的希臘文，Amicitia是友情的拉丁文。

⑧蘭伯(1775～1834)：英國散文家兼批評家。

⑨查爾斯・威廉士(1886～1945)：英國詩人、小說家、宗教作家，為作者魯易斯摯友。

⑩守衛上帝寶座的六翼天使。

⑪古英文史詩《貝奧武甫》中的人物。

⑫約翰生(1709～1784)，英國文評家，鮑斯韋爾(1740～1795)，蘇格蘭作家。二人為忘年之交，鮑氏曾著有約翰生的傳記。

⑬塔西佗(55～117)：古羅馬史家。

⑭大概是指逆風讓野獸嗅不到靠近者的氣味。

⑮軍艦上軍官用餐和休息的地方。

⑯Methodism，基督教新教的一派，又稱美以美會，由約翰・衛理(John Wesley)所創，強調嚴守教規，憑嚴格的形式與規矩來過生活與從事宗教研究。

⑰說「朋友之愛如果不想陷入魔道，就不能忘了沐浴、打印和更衣這些步驟。」只是個比方性的說法，等於是說，朋友之愛如果不想陷入魔道，就不能忘了上帝在朋友之愛

中所扮演的角色。詳下一段。

⑱鄧巴(William Dunbar)：中世紀蘇格蘭詩人。

4 The Four Loves

情愛：戀人・夫妻之愛

EROS

愛情的標誌，就是願意與愛人共享不幸。
而愛情的危險也正寓伏在它的崇高之中。
它可以聖化一切行為，讓身在其中的人，
敢於去做他們原不敢做的事。

我想，當我在第二章說親愛之情是各種人類愛中最動物性的一種的時候，很多讀者一定大感詫異。他們有可能會問：難道，愛情不也是很動物性的一種愛嗎？如果你把著眼點只放在性這件事情上的話，那自然是。不過，我並不打算把著眼點放在赤裸裸的性上面。只有作為愛情組成部分的性，才會被我拿來討論。性可以在完全沒有愛情的基礎下發生，同樣，愛情所包含的內容，也遠不是只有性。其理甚明。所以你也可以說，我要談的性，不是同時出現在動物和人類身上的那種，而是一種特殊的、為人類所專有的性。這種性，我稱之為有愛之性。

我必須緊急補充的一點是，我把性分為有愛之性和無愛之性，只是為了把探討的主題單純化，沒有任何褒貶的意味。我根本一點都不苟同那種把有愛之性等同於純潔、高尚，把無愛之性等同於齷齪、下流的想法。如果把所有不是為愛而性的人一概都斥之為下流的話，那恐怕我們就全都是下流人的後代了。**人類歷史上以愛作為婚姻基礎的社會，可謂鳳毛麟角**。我們大部分祖先，婚姻都是出自父母之命，與配偶根本毫無愛情可言。他們會跟配偶發生性行為，完全是因為生理需要使然，別無其他的「助燃劑」。他們這樣做也是全然正確的。真誠的基督徒夫妻，理應是順服父母，以敬畏主之心經營家庭的人。相反的，太強調愛情而低貶性，反有導致通姦、背叛朋友和遺棄子女之虞。上主不會喜悅人把罪與義務的分野建立在個人的愛惡上面。判斷性是高尚還是下流，就像判斷人類的其他行為一樣，所應依據的，是一些較不浪漫和較明確的判準：守諾／食言、義／不義、仁慈／自私、順服／不順服。職是之故，我把性——無愛之性——排除在探討以外，完全與道德的褒貶無關，而只是因為這種性與我們探討的主題毫不相干而已。

在進化論者看來，愛情是由性演化而來的。即使他們說的沒錯，這種「演化」也不見得會在個體身上重演。當然，一個人原先只對一個女的抱有肉體方面的興趣，但後來卻愛上她，這樣的例子不是沒有，但我很懷疑這會是一種普遍的現象。更通常，愛情會先於性的渴望而起。一個乍被愛情充滿的人，他的滿腔心思，都會全幅被對方「整個人」所占據，以致根本無暇去想到性。他太忙了，忙著去想對方。對方是個女的這件事情，對他來說遠不及她是她自己來得重要。他滿懷渴望，但他的渴望，卻不是以性為基調的。如果你問他，他最渴望的是什麼的話，那他的回答應該是：「渴望能一直想她。」他是個愛的沈思者。而在稍後的階段，即使這個男的的性慾望甦醒了過來，他仍然不會認為自己從一開始為的就是這個（除非他受了某些科學理論的洗腦）。他會覺得，他性慾望的甦醒，只是他愛情一個自然而然的結果：愛情的潮水在衝決他一個又一個的沙堡以後，現在終於漫到性的所在來了。愛情就像個入侵者，在攻入了他的國土之後，占領了他一個又一個的機構（包括性的機構），然後又一一將它們改組。

愛情會為性帶來什麼樣的改組，沒有人比歐威爾（George Orwell）——一位偏好無愛之性多於有愛之性的作家——觀察得更精細。《一九八四》中那位令人髮指的男主角——他比《動物農莊》裡那些動物角色還要不像人——在和女主角歡好之前，要先確定一件事情。「你真的喜歡嗎？我不是問妳是不是真的喜歡我，而是問妳是不是真的喜歡它。」「我愛死它了。」沒有女主角的這個回答，我們的男主角是不會滿意的。這段簡短的對話從反面說明了愛情對性的改組作用。赤裸裸的性想要的，是它，是那回事，但被愛情改組過的性想要的，卻是對方本人。

那回事就是感官的慾樂，而那是一種發生在我們身體內的東西。我們常常形容一個好色之徒在街上溜躂是「想要一個女人」。其實，這是一個有欠精確的說法，因為嚴格來說，**那好色之徒想要的，恰恰不是一個女人。他想要的是慾樂**，而女人不過剛好是可以讓他得到這種慾樂的工具罷了。他對一個女人在乎到什麼程度，從他在完事後五分鐘後對她的態度就可得而見。（誰會在抽完一根煙後還會叼著煙屁股的？）

愛情讓一個男人渴望的，不是女人，而是某個特定的女人。愛者所渴望得到的，是被愛者，而非她所能給予他的快樂。這說起來有點神秘，但卻是無可爭辯的。天底下沒有一個男人，在抱著自己心愛的女人的時候，會在心裡琢磨，他懷中這個女人，有沒有比別的女人帶給他更大的快樂。如果一個男的有去想這個問題的話，那他的答案當然是顯而易見的，不過，只要他一有想到這個問題，他就已經不復身在愛情之中了。就我所知，古往今來會在抱著女人的時候想這個問題的，就只有盧克萊修(Lucretius)①一個；而當然，他在想這個問題的時候，已經算不上是身在愛情之中了。依這位嚴厲的酒色之徒之見，愛情對性是會起污染作用的；它會讓人分心，會破壞掉他對性那冷冽而銳利的品味能力。

至此讀者不難看出，**愛情具有一種把最道地的「需要之樂」轉化為一種最強烈的「激賞之樂」的奇妙能力**。在「需要之樂」中，對象純然是因它能滿足我們的需要──即便只是短暫的需要──而顯得重要；但在愛情中，一個原因需要而起的對象──愛情本身就是一種需要──卻會被轉化為一個自足的對象；它的重要性不再寄託在我們的需要上，而寄託在它自含的價值裡。

如果你是個從未體驗過愛情的邏輯家的話，那大概你會對**「渴望得到某個人」**和**「渴望得到某個人所帶給我們的快樂」**這種概念上的區分感到不解。「渴望得到某個人」這種感受確實是很難言詮的。愛侶們喜歡對彼此說的那句情話──我真想把你「吃掉」──道出了這種感受的一部分。密爾頓(Milton)曾經設想出一種類似天使般的生物，由光所構成，可以整個被穿透；一對愛侶大概會很嚮往成為這樣的生物，因為如此一來，他們就可以達到擁抱所達不到的親密度了。查爾斯・威廉士則如此表示過：「愛妳？我就是妳啊。」

沒有愛情的性欲望，就像我們的其他慾望一樣，關乎的只是我們自己。但愛情所關乎的卻是一個被愛者。愛情有著如同感官知覺般的結構：它總是對象性的，總會指向一個外在於我們、位在真實世界裡的對象。這也是為什麼，愛情雖然被稱為快樂之后，但它卻僅僅把快樂視為只是末節的原因。一旦我們把著眼點放在快樂上，我們就會退回到自己裡面，退回到我們的神經系統裡去。當優美的山頂視野被化約為視網膜上的一片光影，它就不會再有優美可言，同理，當愛情被化約為快樂，它就會被「扼殺」。

迄今為止，我都是在分析，沒有評價。但某些道德的論題現在已不可免的要浮上台面，我不該隱藏自己的觀點。以下我所提供的，只是意見，而非定論。它們是可以被修正的——被比我更銳利的思考者、比我更懂得愛的情人和比我更敬虔的基督徒所修正。

古往今來很多人都認為，愛情的危險幾乎完全寓伏在它性的那方面，所以，牽涉性成分愈少的愛情，就愈被視為是「高貴」，是「純潔無瑕」。中世紀的神學家顯然是認為，人在婚姻中最堪防範的事，就是耽於感官的慾樂，削弱了靈魂的靈性。但值得注意的是，這並不是聖經的思考方式。聖保羅勸告信徒不要結婚的時候，並沒有在性的問題上做文章（他唯一提到性的地方是告誡已結婚的教徒不宜禁慾（《歌林多前書》七章五節）），他擔心的毋寧是婚姻會讓人花太多心思於取悅配偶上，花太多時間在處理千頭萬緒的家務事上，因而忽略了對主的侍奉。換言之，是婚姻這件事情本身，而非婚姻中的床笫之事，讓聖保羅擔心我們無法專心致志地傾聽上帝的召喚。聖保羅是對的嗎？依我個人的經驗，**這個世界最容易令人分心的，莫過於生活中那些現實上的關懷**。我對下一小時種種雜事的思慮及煩心，要比任何種類生理上的慾望——包括肚子餓——更干擾我禱告時的專心。雖然我對中世紀的聖徒懷有很大的敬意，但我並沒有忘記，他們都是獨身者，以致於不是很明白愛對性會有什麼影響性。**愛情不但不會強化性慾對一個人的糾纏，反而會削減它**。因此，**愛情反而讓禁慾變得更容易。愛情是會對人的屬靈生活造成干擾，但這種干擾不是起自人對性的**

牽掛，而是起自人對他所愛者的牽掛。

愛情確實潛藏著危險，但這種危險卻不是來自性，而是來自別的源頭。至於是什麼源頭，我待會會回過頭來討論。目下，我想討論的是另一種危險，一種因我們對待性的態度而來的危險。我認為，我們文化的很多代言人都把性看得太嚴肅了。我從少至長，一直目睹著一個對性可笑而不祥的嚴肅化過程在不斷深化中。

一個作家主張，婚姻中的性，應該「以神聖、肅穆作為調子」。有一個年輕人，在聽到我把他很欣賞的一本小說歸類為「色情小說」時，大為驚訝的問我：「色情？怎麼可能？它的態度這麼嚴肅。」這彷佛是說，只要我們板起一張嚴肅的長臉，就幹什麼都會合乎道德似的。我們的廣告工作者，用性來包裝一切商品，但他們給性所塗抹的，是一種凝重的、心醉神迷的色彩，鮮少會流露出輕鬆歡快的氣氛。我們的心理學家，則是聲嘶力竭地疾呼，完全的性調適對人來說有多重要多重要（雖然他們楬櫫的標準又是高到達不到的），以致於現在有不少年輕夫妻，床頭櫃上都擺滿著一冊又一冊弗洛伊德、卡夫特—艾賓（Kraft

-Ebbing)、哈維諾克・埃利斯(Havelock Ellis)和史托普斯博士(Dr.Stopes)的著作。我想，在性這件事情上，灑脫的奧維德要中肯得多，他既不會拿性來小題大做，但也不會等閒視之。現在，我們已到了一個非把老式的笑謔聲重新拿出來不可的歷史階段了。

我知道，肯定會有人質疑我說：但性本身就是很嚴肅的啊！沒有錯，性從四方面來看都是件很嚴肅的。首先，從神學上來說，婚姻中的結合是人與主的結合的一個象徵；第二，正如稍後我會講到的，性是我們人類對大自然繁衍生造歷程的一種象徵性參與；第三，從道德上來說，人有生育後代的責任。最後，在性中結合的男女兩造，有時（只是有時，不是必然）的確會感受到一種很強烈的嚴肅感。

但吃不也是一件嚴肅的事情嗎？從神學上來講，吃是我們紀念基督受難的方法（領聖餐）；從道德上來講，救助飢餓的人是我們的義務；從社會功能上來講，餐桌是我們交談的地方；從醫學上來講——問消化不良的人就會知道。雖然吃這樣嚴肅，但又有誰會在吃飯的時候帶上一本吃食指南的呢？更有可能做這樣事情的人，會是美食家，而不是聖徒。若論對待食物態度的嚴肅，人比起動物來可要瞠乎其後得多了。

我們不能對性太嚴肅以待。否則的話，我們自己的人性也將會受到斲傷。放眼世界各國的語言和文學，莫不充斥著與性有關的笑話，這絕非偶然之事。沒錯，這些笑話，有些很無聊，而有些則讓人倒胃，儘管如此，它們背後所隱含的態度，長遠來說，其所能造成的傷害，比那些把性供奉在神壇上的人猶有所不及。

我們不應妄想在凡身中找到絕對。把戲謔的心態從床笫間驅走，我們就會引進一位假冒的女神。她甚至比古希臘人所供奉的阿佛洛狄忒女神(Aphrodite)還要假，因為古希臘人最少是認為，阿佛洛狄忒是位笑與愛的女神。我們沒有義務要像特里斯坦和伊索爾德那樣，揣著一顆抽痛、破碎、絕望的心來唱我們的愛歌，讓我們來學巴巴津諾(Papageno)和巴巴津娜(Papagena)的調調。

如果我們對性太嚴肅以待的話，它就會反過來報復我們。性的報復方式有兩種。第一種可從湯馬斯・布朗爵士②以下這番逗笑的話中觀見（雖然他說這番話可一點都不是為了逗笑）：「對一個明智的男士而言，沒有什麼會比性行為是他一生中所能做過更大的蠢事；也沒有什麼會比回想起自己幹過這種蠢事，會對他那冷冽銳利的想像力帶來更大的沮喪。」如果布朗爵士從一開始就能用輕鬆一點的心情來對待性，那性大抵就不會引起他那麼大的厭惡；而又如果布朗爵士的想像力不是從一開始就受到了誤導，那性大抵也不會引起它那麼大的沮喪了。不過性對人還有比這更嚴厲的報復。

有愛之性，你與其說它是個魔，不如說它是個淘氣鬼。它喜歡尋人開心。在明明是不可能的場合，例如在電車上、商店裡、冗長的宴會中或連男女互望一眼都有所不宜的地方，它會用盡力氣在一對戀人或夫妻心中挑起慾念，但等這對戀人或夫妻到了一個完全允許性發生的環境——那怕才只是一個小時後的事——它卻又會悄悄抽身離開；也許只是從兩人中的其中一人抽身。如果那被「冷落」的一方恰恰是個對性無比嚴肅的人的話，你猜他（她）會有什麼樣的感受？他（她）會覺得自尊心受傷，會覺得怨恨，會開始猜疑，會覺得挫折。但明事理的戀人都懂得笑。他們明白這是個遊戲的一部分。**這是一場你找我躲**

的遊戲，不管有沒有被逮到，都應該以哈哈一笑置之。

愛是那麼的不食人間煙火，而性又是那麼的和人的生理需求息息相關，以致我很難不去想，**愛與性的聯繫，是上帝對世人開的一個大玩笑。在愛情中，我們不時會以為自己正在飛，但性的蠢動卻讓我們赫然發現，自己原不過是個被人用線牽在手上的氣球**。愛與性的交替是一種鐵證：證明我們是一種由異質元素構成的生物，證明我們是一種「有理性」的「動物」，證明我們一腳踩在天使的船上，一腳踩在公貓的船上。沒有接受別人開玩笑的雅量不是一件可喜的事，沒有接受上帝開玩笑的雅量就更不足取。我可以向你保證，上帝這個玩笑雖然要我們付出代價，但它所給我們的好處，卻是無窮無盡的。

歷來人們對身體有三種不同的觀點。第一種是貶抑的觀點。奉行這種觀點的異教苦行主義者把身體稱為靈魂的「墳墓」，而持這種觀點的基督教思想家——如費雪(Fisher)——則把身體稱為「糞袋」，稱為「蛆的食物」。第二種觀點則認為身體是光輝的，裸體主義者和浪漫主義者所持的，就是這種觀點。第三種觀點則是聖方濟所秉持的觀點，他用「驢子弟兄」(Brother ass)一詞來稱呼自己的身體。這三種觀點都未必不能言之成理，不過，我選擇把注押在聖方濟身上。

把身體稱為「驢子」，真是再貼切也不過了，因為驢子就像身體一樣，既不值得被尊敬，也不值得被厭惡。驢子一方面是一種有用、強健、堅韌、可愛的動物，另一方面又是一種懶惰、倔強、臭脾氣的畜生。牠有時候合該你賞牠一個胡蘿蔔，有時候又合該你抽牠一頓鞭子。身體也是如此。除非人能認識到，身體的其中一個功能就是扮演小丑，否則，我們將無法安住其中。在未經一些堂皇的「理論」洗腦以前，這世界的每個大人小孩莫不明白身體有著它滑稽突梯的一面。身體是人類最古老的笑話主題之一。無疑，有些時候，身體確實有需要我們用嚴肅的態度來加以對待，但一旦我們把這一點加以絕對化，就會陷入危險之中。幸好這不是普遍的現象，這一點，從那些幸福愛侶臉上綻放的笑容可以得到證明。任何一對戀人，除非他們的愛情短暫無比，否則都一定會在他們用來表達愛的肢體語言中，感受過一種滑稽的成分。身體是一件太笨拙的樂器了，很難指望它能奏出優美的愛歌，但如果能把它的舉止視為愛得淌血的靈魂的一種滑稽諧擬，則反能從它上面感受到一種古怪的魅力（古典喜劇之所以喜歡在男女主角的浪漫愛情間穿插一段發生於男僕女傭間的平庸之愛，理由即在此）。至高總是與至低形影相隨在身體中，確實會有某些屬於聖詩的成分，但同樣的，也必然會存在有著屬於打油詩的成分。如果這種打油詩的成分不在某個時刻出現，它就會在另一時刻出現。你與其佯裝沒看見它，倒不如光明正大地把它攤出來，作為讓自己放輕鬆的一種潤滑劑。

我們真的很需要這種潤滑劑。聖詩固然是我們所需要的，但打油詩也是我們所需要的；性的重固然是我們所需要的，但性的輕也同時是我們所需要的。快樂，當它被推到最極致，就會像痛苦一樣把我們撕碎。戀人所渴望的結合，只能透過身體而達到，可是身體又無可避免是相斥的。激情與悲傷同樣會叫人落淚。由於性有時候——只是有時候而非必然——會「把它的獵物掐得死死」，為了避免被掐死，我們大有必要用一種遊戲般的輕鬆心情來面對它。當我們把某種世間的事物太神聖化的時候，魔鬼就會在角落裡蠢蠢欲動。

人之所以不應該讓自己被性的凝重所淹沒，還涉及一個很根本的原因：性會在男性內心掀起一種征服、統治的慾望，在女性內心掀起被征服、被統治的慾望。這也是為什麼，有時候在一些愛情戲劇裡的主角，會流露出某種粗暴的舉動，也是為什麼會有「愛人渴望被對方捏痛」這樣的台詞的原因。面對性這種桀傲不馴的成分，一對明智的或信仰基督的伴侶又要如何自處呢？

我想，如果一對情侶能抱持一種我稱為參加「異教聖禮儀式」(the Pagan scarament)的心態去面對性，那性在男女雙方身上煽起的征服和被征服欲就都是無傷的。我們必須認識到，嚴格來說，在性行為中，我們所正在進行的，是一場儀式，或一齣戲劇。我說過，在友情中，每個人所代表的，都是他自己本人，但在性中，人所代表的，卻不再是自己本人，而是一種原始得多、也較不人格化的力量。在性行為中，男性所扮演的角色是「天父」(Sky-Father)，女性所扮演的角色是「地母」(Earth-Mother)，男性所扮演的角色是「形」(Form)，女性所扮演的角色是「質」(Matter)。我說的「扮演」不是假裝，而是一種投入的參與、認同。

如果在床笫以外的場合，一個女的繼續表現出對男方無條件的順服，那她不啻是把該獻給上帝的東西獻給了一個凡夫，而如果男方竟然斗膽自稱有權享有這種順服，那他就可以說是個瀆神者。離開了作為儀式、作為戲劇的性，男女雙方就會回復至原來身分：兩個有著不朽靈魂、生而自由的成年人。如果我們以為，在婚姻生活中最該擁有領導權的丈夫，就是那些在床第間最具主宰性的丈夫，那就大錯特錯了：事情很可能剛好相反。但在性行為中，男方和女方分別是男神和女神的代表——他們的地位不可能有平等可言。

一定會有讀者對我所說的，性行為總包含著某種假面劇的成分這一點感到奇怪，因為，他們會覺得，難道在人類的互動中，還有比性更無遮蔽、更赤裸、更真實的行為嗎？難道，我們不是在赤裸的時候，才是最真實的自我嗎？某個意義下，不是。赤裸是一種過去完成式，一個赤裸的男人，必先經過脫去或剝落（衣服）的過程，才會進入赤裸的狀態。時光是不能倒流的，我們已不可能再像我們史前時代的祖先那樣，把赤裸視為常態。對我們現代人來說，穿衣而非赤裸才是常態。一個赤裸的男人，不是一個因某種理由被禁止穿上衣服的人，而是因某種理由被要求脫下衣服的人。當你去到公共澡堂，看到一群赤條條的人在你面前活動的時候，你就可以很具體的感受到：赤裸所凸顯的，是人的通性，而非個體性。就此而論，我們只有在穿上衣服的時候才會「更加是我們自己」。當一對愛侶袒裼相向的時候，你與其說他們只是單純的約翰或瑪莉，不如說他們是一個具有普遍性的「他」和「她」。你甚至可以說，當一對愛侶袒裼相向的時候，他們已穿上了一件赤裸的祭衣。一個凡人不可能是真正的「天父」，所以，他也不可能戴真正屬於「天父」的那頂冠冕。一個凡人所能戴的，只是一頂用錫箔紙糊成仿製品。我這樣說，並沒有低貶之意。我喜歡儀式，我也喜歡戲劇。紙糊的冠冕也有它們合法與嚴肅（用的地方恰當的話）的用途。作為最後的手段，它們一點也不比其他地上的尊貴之物來得遜色（「想像力可以為它們補強」）。

　　但我在提及這種異教的聖禮的同時，也不能不慎防一種誤解。正如大自然在性中把冠冕加在男性的頭上一樣，聖經也在婚姻中把冠冕加在了丈夫的頭上③。但這兩者是非常不同的加冕禮。有些基督教作家（密爾頓是個明顯的例子），在提及聖經賦予丈夫的領導權時，常常一副沾沾自喜的口氣，直看得我心裡發毛。我們必須回歸到聖經裡去。丈夫之所以能當妻子的頭，道理和基督能當教會的頭是一樣的。基督能當教會的頭，是因為祂甘願「為教會捨己」。(《以弗所書》五章二十五節)。只有丈夫能付出像基督對教會同樣的愛時，他才有資格當妻子的頭。職是之故，家裡領導權的最佳體現者，不是我們人人都想當的那種丈夫，而毋寧是那種婚姻生活如煉獄般的丈夫：他們有著的妻子，是那種付出最少、要求最多的妻子，是那種最不值得丈夫付出、本質上毫無可愛之處的妻子。教會就是這樣的妻子，要不是基督給了她美，她就毫無美可言；基督並不是在教會中發現了美，而是在教會中創造了美。因此，**能讓一個丈夫掌權的，是婚姻中的苦，而非婚姻中的樂，是他們飽受病苦折騰的好妻子或一身陋習的壞妻子。對飽受病苦折騰的好妻子，他們會表現出無盡的關愛；對一身陋習的壞妻子，他們會表現出無盡的寬恕**：但只是寬恕，不是認可。雖然基督在教會當中看出了瑕疵、驕傲和狂熱，但祂從不放棄改變她的努力，從不放棄有朝一日自己的新娘會變得完美的希望，同樣的，在家裡當頭的丈夫，也永遠不會對自己的妻子灰心絕望。

我並沒有說一個人刻意去尋找可怕的婚姻是一種美德或智慧。**無需要殉道卻找道來殉，無需要受迫害卻找迫害來受，這樣的人跟智慧或美德不會有什麼關係。**儘管如此，最能精確無誤地體現基督的精神的，仍屬那些不畏迫害、甘願殉道的基督徒，同樣的，**最能體現丈夫的「權柄」的，乃屬那些身陷可怕的婚姻仍能長保愛心與耐心的丈夫。**

嚴厲的女性主義者不必聲討我借異教或基督宗教的名義把冠冕加給了男性。因為，這頂冠冕，在前者是用錫箔紙糊的，在後者是用荊棘編的。真正的危險不在丈夫太熱衷於奪取那頂荊棘的冠冕，而在他們允許或強迫太太去戴這頂冠冕。

我現在要把探討的對象從有愛之性轉往愛情自身。正如**有愛之性所指向的不是慾樂**，相似的，**愛情所指向的也不是幸福**。這一點，從一個事實就可以反映出來：沒有一對戀人會因為別人斷言他們的未來不會幸福而分手。（當然，這有時候是因為他們不相信，但不見得都是如此。）因為，**愛情的真正標誌就是願意與愛人共享不幸**。假設有一對智慧成熟的戀人，他們深知，除非再等十年，否則他們在一塊不會有任何幸福可言，你猜，他們會先分手十年嗎？絕對不會。正如有愛之性不會有任何可供盧克萊修那種冷冰冰的計算性思考立足的空間，愛情也不會有任何可供計算性思考立足的空間。即使一個人明明白白知道，跟自己的愛人結婚不會導致幸福，他仍然會毫不遲疑地說：「我還是寧可跟她在一起。我寧可跟她在一起不快樂也不寧可沒有她而快樂。要心碎，就讓我倆心碎在一塊吧。」如果我們內心所發出的不是這樣的聲音，它就不會是愛情的聲音。

這就是愛情的崇高。但**愛情的危險也正寓伏在它的崇高之中**。它會用像神祇一般的聲音講話。它是全身心投入的，它是不計較快樂的，它超越於一切對自身利害的計較。它發出的訊息，彷彿是來自一個永恆的國度。

問題是，它又不可能真的是發自上帝的聲音。因為，**以崇高之姿說話的愛情，有可能為善，也有可能為惡**。有些人認為，會為惡的愛情，跟會為善的愛情比起來，較不配被稱為愛情。沒有比這更膚淺的看法了。有些愛情，固然會把人導向冷酷無情、背盟棄誓，甚至導向自殺或謀殺，但它們仍然是愛情，仍然截然有別於肉慾之情。會為善的愛情那些激動人心的特質，它一樣都不少：它一樣是出自刻骨銘心的至誠，一樣有願意為所愛者作出任何犧牲的崇高情懷。

歷來不少思想家都絞盡腦汁去為愛情的無上權威找尋理據。例如，依柏拉圖之見，任何兩個相愛的人，早在他們生而為人以前——在他們仍然住在一個形而上的國度裡的時候——就已經是一對，所以他們會在人世間愛上對方，絕不是出於偶然。換言之，「**我們早在出生以前就已彼此相愛。**」如果你只把這種論點當成是柏拉圖為將愛河中人的主觀感受加以形象化而作的努力，那它的確是神來之筆。不過，如果你執著於它的字面意義，那你就難免會遇上一個令人尷尬的結論：形而上世界對配對這回事顯然也不怎麼高明，否則，形而下的人間世界何來那麼多的怨偶？

柏拉圖的主張，不可能會合我們時代的口味，會較合我們時代口味的，是一種我稱之為「蕭伯納式浪漫主義」的理論（我想蕭伯納本人則會稱之為「『後設生物學式』的浪漫主義」）。依這種理論之見，愛情的散播者是一種名為生命驅力(Life Force)宇宙力量。而生命驅力之所以孜孜於在人類間散播愛情，倒不是著眼於當事人的幸福快樂，也不是任何道德法則使然，它這樣做，為的是一件——在蕭伯納本人看來——重要得多的事情：使人類這個物種趨於完美。不過如果真有生命驅力這玩意的話，那我就不得不說，它似乎對自己身負何種任務，並不是太了解，因為事實證明，**相愛的人所生育出來的後代**（先不說相愛的人不一定會生育後代），**並不見得就比不相愛的人生育的後代更優秀**。再說，衡諸人類的歷史，有那麼多人被生下來，並不是出於愛情，而是出於盲婚啞嫁、奴隸制度和強暴，那是不是說，這些也是生命驅力為改善人類的「品質」而想出來的好主意呢？

不管是柏拉圖式的還是蕭伯納式的愛情超越主義，對基督徒來說都是幫不上忙的。我們所敬拜的，既不是生命驅力，也不是一個形而上的前生。我們絕不能毫無保留地順服於以神的聲音向我們耳語的愛情。但我們也不能否認愛情真有其神性的一面。**愛情確實與上帝的愛相近**，只是，這種相近，是「肖似上的相近」，而非「舉步上的相近」。另一方面，愛情本身的某些特質，又確實可以成為促使我們舉步邁向上帝的助力。例如，愛情中的那種全身心投入，就很可以引為作我們愛人與愛上帝的範式。又例如，如同大自然可以讓我們領略到何謂「榮美」，愛情也可以讓我們領略到何謂「恩慈」(charity)。但愛情的這種功能，只有在受到一些更高原則的規範和限制的情況下，才可能發揮出來。

但愛情一旦受到毫無保留的崇拜，一旦受到毫無限制的順服，它就會成為魔。但偏偏，愛情又最喜歡慫恿人用這種態度去對待它。在愛情魔咒的籠罩下，一個人固然會變得無私（對愛侶），但與此同時，他也會對一切來自上帝或外界的殷殷叮嚀嗤之以鼻，置若罔聞。一個詩人就有感而發地說：

愛戀中的人不會被善意的勸說打動，
遇到的反對愈厲害，就愈覺得自己是烈士。

用烈士一詞來形容戀人的自我圖像，真是恰當得不能再恰當了。幾年前，在撰寫一本討論中世紀愛情詩歌的論著時，我發現到**中世紀的愛情詩歌有一種**

把愛情宗教化的傾向，當時我還以為那只是一種侷限於文學範圍內的現象，真是盲目得可以！現在的我，認知要比當時清澈多了：**只要是愛情，就都會有招引人當烈士的傾向**。在所有類別的愛中，愛情——當它沸騰到最高點的時候——是最肖神的一種，因此也是最希冀人來膜拜的一種。

神學家常常擔心愛情會有讓人陷於偶像膜拜之虞。我想，他們擔心的是一對情侶會把對方當成偶像來膜拜。不過，我不認為這種可能性會很高，結了婚的人尤其難得如此。婚姻像是一篇沖淡的散文，它的家常性格讓偶像化顯得荒謬不經。在我看來，愛情雖然真的易於讓人流於偶像膜拜，但戀人會去膜拜的偶像，並不是對方，而是愛情本身。

我當然不是說一對愛人真的會為愛情築起一個神壇，然後跪在地上向它禱告。我說的偶像膜拜，可以從許多人對聖經以下一段經文的曲解中反映出來：「所以我告訴你，她許多的罪都獲赦免了，因為她的愛多。」（《路加福音》七章四十七節）從上下文，特別是稍前的那個債主寓言，都在在顯示出，這段經文的原意是：「我寬恕她的罪有多多，從她對我的愛有多多就可反映出來。」

（原經文中的「因為」二字，與以下例句中的「因為」二字用法相同：「他不可能出了門，因為他的帽子還掛在鉤子上。」換言之，這兩個「因為」都應解作「反映」，而非解作因果意義下的「因為」。）但數以千計的人卻不循這個方向去理解。首先，他們在毫無證據的情況下，就認定獲赦罪那個婦人所犯的就是不貞之罪（我不知道為什麼不能是放高利貸或虐待兒童方面的罪），接著，他們就把主基督的話解釋為：「我原諒她的不貞潔，因為她愛得夠深。」這種解釋的弦外之意是，偉大的愛情可以潔淨——甚至是聖化——任何不潔的行為。

當一對愛侶做出某些不當之舉時，就會拿「是愛驅使我們這樣做」來當口實。不過，如果你注意聽，就會發現，他們說這話的口氣，和一個人在說「我這樣做是因為害怕」或「我這樣做是因為憤怒」的時候截然不同。後者是在對自己的過錯提出辯解，但愛侶卻很少是在辯解。他們不是拿愛來當元凶，而是拿愛來當後盾。你與其說他們是在懺悔，不如說他們是在矜誇。你不難聞出他們的話中有一絲桀傲不馴的味道。一言以蔽之，他們感覺自己像「烈士」。

密爾頓筆下的大利拉說：「這些愛的律法所包含的理性已通過了善的檢

定。」④愛的律法——這個詞真是切中要害。在愛中，我們有自己的律法，有自己的宗教，有自己的神。抗拒愛情的命令等於是叛教。**愛情可以聖化一切行為，讓身在其中的人敢於去做他們原不敢做的事情。不只是性方面的事情，也包括各種不仁不義的行為。**一對愛侶可以用幾近神聖的語氣告訴對方：「全因為對你的愛情，我才會不惜遺棄我的父母、配偶、小孩，欺騙我的合夥人和置有需要我的朋友於不顧。」這個理由完全通得過愛的律法的檢定。愛情的信徒們在作出這樣的「犧牲」後，還會自感履行了一項美德，因為試問，一個人在愛情的祭壇上所能獻上的，還有什麼比自己的良知更昂貴的祭品呢？

不過，對愛情最殘酷的諷刺就是，它的聲音雖然彷似是發自一個永恆的國度，但它的實際生命卻必然是短暫的。**在各種人類愛中，愛情的短命是惡名昭著的。**要不然，世界上也不會充滿著指控愛情善變的哀怨聲音。令人最覺得困惑的是，**愛情明明是最短命的一種愛，但它偏偏最喜歡作地久天長的承諾。沒有一個身在愛情中的人不會作出地久天長的承諾。**「我會始終如一」幾乎是任何愛情第一句要說的話。這絕不是虛偽之語，而是肺腑之言。即使再多的經驗也不可能讓一個人從幻覺中甦醒。我們見盡了多少人，每隔幾年，就會重新談一次戀愛，而每一次，他們都會真心實意的說：「這次我是說真的。」他們會再一次說自己的流浪已經結束，說自己已經找到真心所愛，說自己的愛會至死不渝。

然而，某個意義下，愛情確有權力做這種承諾。愛情就是有一種魔力，讓身在其中的人無法接受它是一善變之物的事實。墮入愛河的人在一跳之間就越出自我的高牆，變得無私，變得在乎別人的快樂多於自己的快樂。在一剎那之間，藉著愛情，我們不費吹灰之力就履踐了愛人如己（雖然只是對一個人）的金律。因此，愛情可說是讓我們預嘗了一口屬天之愛的滋味。而從愛情中脫出，則不啻是從救贖中脫出。在這種情況下，愛情不得不勉為其難，對自己根本做不到的事情誇下承諾。

我們能享有這種無私的自由一輩子嗎？恐怕連一星期都辦不到（在情況最好的愛侶之間，這種高昂狀態可望間歇性地出現）。你原先的那個老我，很快就會向你顯示，他並不像你以為的死得那樣徹底。即使你把他暫時打昏，他仍然很快會再次站起來；那怕不是用他的腳站起來，也是用他的手肘站起來，那怕他沒有吼著要你把他扶起來，也是哭著求你把他扶起來。

但這種倒退並不會摧毀兩個「高尚而理智」的人之間的婚姻。會受這種倒退威脅、甚至摧毀的婚姻，是那種把愛情偶像化的婚姻。把愛情偶像化的配偶，會以為愛情是個有力量而信實的神，會為他們打點好該打點的一切。當這種預期落空，他們就會把責任歸咎給愛情，或是更常見的，歸咎給另一方。不過事實上，愛情是不會為人打點一切的，在它為一對愛侶主持過盟誓和讓他們瞥見過可能的前景以後，就責任已了。它就像教父或教母一樣，只負責主持你們的誓儀，真正要履行誓約的，是你們夫妻倆。當愛情不在的時候，我們就必須自己來接手它的工作。這是所有明智的愛侶都明白的事。至於那些不知反省的愛侶，雖然嘴巴懂得說「夫妻應順逆與共」、「婚姻不應期望過高」、「夫妻應互相體諒」之類的老生常談，但做起來又是另一套。所有身在基督中的伴侶都知道，「夫妻應順逆與共」這一類的話雖卑之無甚高論，但要是沒有謙卑、恩慈的心和上主的恩典，都是難成的事。由是觀之，愛情／婚姻生活可說是整個基督徒生活的一個橫切面。

職是之故，**如果愛情始終停留在自己之中，它就無法成為它自己。它需要扶持，需要受管束**。除非愛情能順服於主，否則它的神性就會死去，魔性就會生出。它當然有可能可以苟延殘喘下去。屆時，它會像一根大鐵鏈一樣，把兩個彼此忌妒、仇視、猜疑的人緊緊鎖綁在一起，任由他們互相折磨，至死方休。你讀《安娜．卡列尼娜》的時候，可不要以為這樣的事只會發生在俄羅斯。我真想把你「吃掉」——愛侶們喜歡互訴的這句誇張情話，有時未嘗不能予以恐怖的解釋。

註釋：

①古羅馬詩人暨哲學家，著有長詩《物性論》。

②湯馬斯．布朗爵士(Sir Thomas Browne)：十七世紀英國醫生、作家，著有《一個醫生

的宗教信仰》。

③聖經把家中的領導權歸於丈夫：「你們作妻子的，當順服自己的丈夫……因為丈夫是妻子的頭。」（《新約・以弗所書》五章二十二至二十三節）

④大利拉，聖經中的人物，曾以女色誘使以色列士師參孫說出自己的神力源於何物。本句引語出自密爾頓的長詩《參孫傳》。

5 The Four Loves

大愛：屬天之愛

CHARITY

聖經上說：

「愛是恆久忍耐，又有恩慈；

愛是不嫉妒；愛是不自誇，不張狂，

不作害羞的事，不求自己的益處，

不輕易發怒，不計算人的惡……」

沒有恩慈這種屬天之愛的扶持，

親情、友情和愛情都無法長保甜美。

威廉・莫理斯(William Morris)寫過一首題為〈有愛已足夠〉(Love Is Enough)的詩，而據說有人為此寫了一篇詩評，名為〈它不夠〉(It isn't)。這篇詩評的標題很能道出本書的主旨。沒有一種人類愛是自足的，它們都需要別的東西扶持，才能長保甜美。

我這樣說，用意不在低貶人類的愛，而在於指出它們的真正光芒究竟繫於何處。當你指出一個花園不會自己豎籬笆、不會自己除草、不會自己修剪果樹的時候，你並不是在指責它。本來就沒有果園會自己做這些事的嘛。況且，一個果園之所以有別於一片野地，就在於果園有人替它豎籬笆、除草和修剪果樹，而野地則沒有。有人持續不斷為它除草、修剪果樹，正是一個果園得以生氣勃勃、綻放出光芒的根本原因。

同樣的，人類的愛，也是需要人來除草和細心經營，才可能讓它本具的光芒綻放出來。不過，另一方面，即使一個園丁再高明，假如沒有大自然的襄助，也是施展不開來的。要是沒有從地裡長出來的生命，沒有天上的雨露和陽光，再好的園丁也將一籌莫展。當上帝要開墾愛的花園的時候，祂就會派一個人去管理它，又將這個人置於祂的管理之下。

迄今為止，我對一個很重要的問題都著墨甚少，但現在，已到了無法再迴避的時候了。這個問題就是要**如何舒解屬世之愛與屬天之愛的緊張關係**的問題。我的延宕是有原因的。

對很多人來說，最迫切的問題並不是怎樣舒解愛弟兄與愛上帝兩者的緊張性，而在於怎樣踏出冷漠的自我去愛自己的弟兄這第一步。要求一個連愛自己弟兄都做不到的人去愛上帝，是件危險的事。「我們之所以愛人少一些，就是因為我們愛上帝多一些。」——會拿這種口實來為自己的冷漠開脫的基督徒大不乏人。對很多人來說，要他們去恨自己的妻子或母親並不是一件什麼難事。莫里亞克(M. Mauriac)①的小說中就有這樣一幕：當耶穌告訴門徒，凡跟隨他的人都得先恨自己的父母妻子時，其他門徒都覺得困惑和窒礙難行，唯獨猶大例外②。這是當然的，以猶大這種人，當然是不會覺得要去恨自己的妻子母親是什麼難事。

不過，儘管有著上述的原因，現在也到了我們非正視屬世之愛與屬天之愛的緊張關係不可的時候了。在較早的歷史時期（十九世紀除外），這個主題可以整整占滿一本書。中世紀的神學家就經常流露出他們對屬世之愛的不信任感。他們所擔心的，並不是我們愛我們的弟兄愛得不夠，而是愛得太多。他們在每一個妻子、母親、兒女和朋友身上，都看到一個上帝敵人的身影。當然，主基督自己也是這樣說的（參見《路加福音》十四章二十六節）。③

在展開我的討論以前，我首先要駁斥一個力勸我們不要愛自己弟兄愛得太多的理論。但在做這件事情的時候，我的心情是戰戰兢兢的，因為，我所要去挑戰的，是一位偉大的聖人暨思想家，而他給過我的教益，也是不可勝數的。這位偉人就是聖奧古斯丁。

當他的至交內比利提烏斯(Nebridius)過世的時候，聖奧古斯丁用至今仍能催人落淚的文字，寫下自己的哀傷心情。(見《懺悔錄》四卷十節）不過，他隨即又從自己的哀傷中得出一個結論：他的難過是自找的，誰叫他把心給了上帝以外的事物呢？凡人皆有死。不要把你的快樂奠基在注定會消失的事物（人）上。如果愛想蒙福，如果愛不想身陷淒苦，就應該以不會逝去的事物（上帝）

作為對象。

「小心，別碰它，那會讓你吃到苦頭！」這當然是個明智之舉。**不要把好東西放在有裂痕的容器內**。不要花時間去裝潢你有朝一日會搬走的房子。沒有人會比我更從本能上喜愛這個論證，因為我天生就是個把安全放在首位的人。

問題是，這個論證雖然很愜我本能的意，但卻不愜我良知的意。在向這個論證靠攏的同時，我也發現自己離背開基督幾千里遠。如果有什麼事是我可以堅信不疑的話，那就是，基督的教誨從未鼓勵我為了自身的安全考慮而不去做某件該做的事。我不知道，有什麼心態會比這種心態更讓祂不悅。而且，誰又會是為了避免傷心而選擇愛上帝的呢？我甚至懷疑會有人把這個原則列為決定愛誰或不愛誰的考慮要點之一。你會依據安全的原則來選擇妻子或朋友，甚至你的狗嗎？只要一有計算之心，你就已經離開了愛的畛域了。即使是不受節制的愛情，也比這種以自身考量為前提的所謂「愛」，更接近上帝的愛，因為，愛情總是以對方的快樂為前提的。

我相信，出現在《懺悔錄》的上述那個觀點，與其說是聖奧古斯丁的基督信仰的產物，不如說是他早年所受的非基督教哲學教育的一種殘餘。它接近於斯多噶學派的「寡情」(apathy)觀念或新柏拉圖神秘主義，而跟基督教的「恩慈」觀念相去甚遠。我們基督徒所追隨的，毋寧是那個會為耶路撒冷哀哭和為拉撒路之死拭淚的人④。在愛這件事情上，更堪被我們引為楷模的，是聖保羅而不是聖奧古斯丁：聖保羅在提到以巴弗提(Epaphroditus)有可能會病死的時候，一點都沒有流露出為他的死哀傷有何不妥的表示。(見《腓立比書》二章二十七節)

而且，即使我們費盡心思去迴避痛苦，但上帝會讓我們如願嗎？當然不。就連耶穌基督在臨終前也要喊說：「我的神，為什麼要離棄我？」

沿聖奧古斯丁所提供的方向思考，你等於是走進了一條沒有出路的死胡同。沒有投資是不用冒險的。**去愛，本來就是一件得冒風險的事。愛任何事物，都難保不會有心碎的可能。如果你想保持心平如鏡，那最好的辦法就是別把心交給任何人**，甚至動物。你可以小心翼翼地用一些怪僻或奢侈的嗜好來包裹你的心，不讓它和任何東西發生牽扯，並把它深鎖在以你的自私打造而成的保險箱裡。只不過，你的心在那個黑漆漆的、密不透風的保險箱裡放久以後，就會發生質變：變得麻木，變得剛硬如鐵。它當然是不會再有碎裂之虞，因為它已變為一件不碎之物了。**不願選擇擔驚受怕的人，剩下的唯一去處就是地獄**，因為除天國之外，唯一能讓人免除一切危險或擾攘的地方就只有地獄。

我相信，即使最不知節制的愛和最越度(inordinate)的愛，都不會比自保式的愛更違逆上帝的意旨。基督為我們受難，絕不會是為了教導我們要更在乎自己的快樂。如果一個人不能用非計算性的心態去對待他看得見的弟兄的話，他就更不可能用非計算性的心態去對待他看不見的上帝了。⑤想要能更靠近主，方法不是迴避一切愛所可能加諸我們身上的苦難，而是甘之如飴地去領受它們，並視此為對主的獻祭。讓我們卸去身上一切防衛性的甲胄吧。如果心碎是人生無可迴避的事情，又如果為愛心碎是上帝的安排，那就讓我們去領受我們的心碎吧。

所有的屬世之愛都會有越度的可能，這是個不爭的事實。但「越度」並不是個量詞，它並不是指「太多」，因為我們對別人的愛，再多也不會是太多。屬世之愛的「越度」只能是相對於我們對上帝的愛而言：但不是出於我們對人的愛比對上帝的愛多，而是出於我們對上帝的愛比對人的愛少。我的話有可能會讓一些已經走在正確道路上的基督徒感到不安，因為他們雖然愛主，但他們發現，自己對主情感的熾熱度，要比對地上的親友來得低。其實，依我的一己之見，要人長時間保持對主的高度情感熾熱，實在是一個苛求。如果我們做到了，那只能說是主額外賜給我們的禮物。但我們到底是愛地上的親友「多一些」，還是愛上帝「多一些」，關鍵點不在兩者情感熾熱度大小的比較，而在你怎樣回答以下的問題：當你必須面臨選擇的時候，你要把兩者中的那一者擺在前頭？在最關鍵的時刻，你願意聽命於誰？

一如往常的，主基督自己所說的話要比中世紀那些神學家所說的話來得更熾烈，但也來得更有寬容性。祂沒有說過任何叫我們提防屬世之愛的傷害的話；但祂的話也像一根鞭子一樣，啪噠一聲把我們腳下一切會妨礙我們跟隨祂的羈絆物一掃而光：「人到我這裡來，若不能恨自己的父母、妻子、兒女、弟兄、姊妹和自己的性命，就不能作我的門徒。」（《路加福音》十四章二十六節）

但我們要怎樣來理解這段經文中「恨」這個字呢？上帝是愛，難道祂竟會叫我們仇恨、敵視自己的父母或妻子兒女嗎？我想，主耶穌在這裡用「恨」這個字，和祂斥責彼得，叫彼得「退到我後邊去吧」，意思是一樣的。⑥這種「恨」，不是一種仇視，而是一種對立，一種堅拒：堅拒聽信魔鬼的甜言蜜語。耶穌說，一個同時侍奉兩位主人的僕人，必然會「愛」其中一位而「恨」另一位。這不只是態度上喜不喜歡的問題，因為，一位事二主的僕人，還會對自己「愛」的那位主人表現出親附、認同和努力工作的意願，而對自己「恨」的那一位則否。

讓我們再看看聖經中另一段提到「恨」這個字的經文。在《瑪拉基書》的開始，上帝宣示說：「我愛雅各而恨以掃。」（《舊約．瑪拉基書》一章二至三節）祂對以掃的這個「恨」，是怎樣在故事後來的情節中展開的呢？如果你以為以掃會有什麼不好的下場，那你就大錯特錯了。據聖經記載，以掃在人世間的生活，過得比雅各要愜意得多了。雅各的一生，是充滿失望、羞辱、恐懼和被離棄的一生。但雅各卻有一樣以掃所沒有的東西。他是一名希伯來傳統的承先繼後者，他擔負著一項使命：當主基督的先祖。以此觀之，上帝說自己「愛」雅各，意味著祂接受雅各，要差遣他擔負個很高（也很痛苦）的使命；而上帝說自己「恨」

以掃，則只意味著祂不接受以掃，不願意把使命委託給他，原因是以掃達不到祂要求的高標準。所以，在關鍵性的時刻，當我們的親人橫亙在我們與上帝中間的時候，我們必須對他們轉過身去。這種「轉過身去」當然和通俗意義下的「恨」是兩回事，但看在親人眼裡，我們的態度則很可能和「恨」他們無異，所以，主基督用「恨」這個字屬相宜。當我們面臨抉擇的時候，絕不能感情用事，我們必須對哀求視若無睹，聽若罔聞。

我不會斷言這是個艱難的責任，因為雖然有些人會覺得履行它是難似登天，但有些人卻會覺得是易如反掌。但有一點則對所有人來說都是艱難的：精確判斷該扛上這種責任的適當時機。我們的脾性常常會欺騙我們。那些溫順的人——懼內的丈夫、柔順的妻子、慣溺孩子的父母和事親至孝的兒女——即使在這種責任已經臨到的時候，仍然渾然不覺。相反的，那些自信滿滿的人，心理稍為有一點感動，就以為這個責任已經臨到。這也是為什麼，在責任尚未臨到以前，我們就有必要先對親友作出預警的原因。

一位騎士詩人在出征前夕給他的情人寫了兩行詩：

我不會如此愛妳，親愛的，

要不是我愛榮譽感要更多些。

換成是別的脈絡，一個男的如果拿出「榮譽感」三個字來作為與愛人分離的理由，都將會被視為是荒謬絕倫。但在現在的脈絡卻不同。我們的這位騎士敢於拿「榮譽感」來當理由，是因為他的情人原就是一位騎士的情人，原就對「榮譽感」在價值位階上的重要性早有認同。在這種情況下，我們的騎士無須去「恨」他的情人，無須對她「轉過身去」，因為他和她所認同的，是相同的律法。對「榮譽感」這件事情，他們在很早以前就已經達成了默契。換成可能臨在我們身上的，是比「榮譽感」對我們的要求還要大得多的使命時，事前的默契就更不可少了。絕不要等到你就道的前一刻才告訴你的配偶、父母或朋友，你心中有一個一直沒有說出來的祕密：你愛上帝多於他們。他們應該在事前就收到警告，當然不是直接的，而是迂迴的——透過千百次談話中的暗示，透過你在千百個小決定上所表現出來的原則。事實上，如果你在老早就已看出雙方不可能達成默契的話，那你根本就不應讓一段婚姻或友誼發生。好的愛情或好的友情都不是瞎子。像奧立佛・埃爾頓(Oliver Elton)就告訴了我們，卡萊爾(Carlyle)和繆爾(Mill)兩人對正義觀念看法上的分歧，是如何對他們的友情帶來了致命性的影響。如果你所愛者所秉持的，是「為愛而活」的態度，那他(她)的愛就根本不值得你去接受。因為這種愛是不可能跟屬天之愛接榫的。

現在我已來到本書最後一個必須攀爬的陡坡前面。我現在必須用比先前更精確的方式，來說明屬世之愛和屬天之愛的關聯性。當然，我所謂的精確，只是程度上的。我將要提供的，不能稱之為知識，而只能稱為一個模型，而這個模型，如果你拿來使用的話，那在你的使用過程中，必須對它不斷的加以修正。要不是上帝的恩典，像人這樣卑微的造物，不可能對祂的愛那怕有一丁點兒模糊的概念；即使再聖智的人，也不可能對上帝有直接的知識，他唯一能有的，就只是類比性的知識。職是之故，我們不可能指望得到有關上帝的直接知識，而只能指望借助上帝讓我們得知的其他事情，旁敲側擊出有關祂本身的事情(正如光可以讓我們看見事物，但光本身卻是我們看不見的）。我做這樣的聲明，為的是怕讀者誤以為我對自己在下文陳述的意見，有什麼十足的把握；才不是。如果我是，那我就一定是瘋了。要是讀者在我以下的意見中找到什麼覺得有用的東西，請不吝去用它們；而要是各位覺得它們全是廢話的話，那就大可不必再去搭理它們。

上帝是愛。「這就是愛的真義：不是我們愛上帝，乃是上帝愛我們。」（《約翰一書》四章十節）最原初的愛是「無所求的愛」。上帝沒有任何需要，而只有無限的豐盛有待給予。中世紀的神學家曾經指出，對上帝來說，創造宇宙萬物並不是一種必要之舉。請各位不要以為這只是一種無聊的學院式思辨，在我看來，它對幫助我們理解上帝的本質至關重要。沒有它，我們將無可避免會把上帝視同一個「經營者」：一個功能類似學校校長或飯店經理的人，所不同的只在於祂經營的是宇宙。但事實上，對上帝來說，擁不擁有宇宙的主權，實是一件無足掛齒的事情。在祂自身之內，在「三位一體的王國」裡，上帝所享有的榮耀，遠遠超過宇宙所能給予祂的榮耀。我們必須時刻銘記朱莉安(Julian)女士為我們構思出來的那個意象：上帝拿著一顆果仁大小的東西在手上，再一看，原來那顆果仁般的微物就是祂所創造的天地萬物。上帝，祂一無所缺，但祂仍然樂於讓像我們這樣微不足道的生物進入存在，為的是讓我們能有機會享有祂的愛和有機會臻於完善。如果不怪我不敬的話，我甚至想用一個生物學上的比喻來說明人與主的關係：主是一個蓄意在自己身上創造出一群寄生蟲來的「寄主」，祂這樣做，目的在於讓我們這群寄生蟲能從祂身上獲得好處。這就是愛的真諦。

上帝在創造我們的時候，同時在我們內裡植入了「有所求之愛」和「無所求之愛」。人類的「無所求之愛」與上帝的「無所求之愛」相近，但這種相近，只是一種「肖似上的相近」，而非一種「舉步上的接近」。一個自我奉獻的母親，一個好心的統治者或老師，都有可能一生都在給予，但卻沒有接近過主半步。至於人類的「有所求之愛」，就我所能觀察，則與上帝的愛毫無相似之處。它和上帝的愛是一種對應的對反：不是類似善與惡的對反，而是類似果凍與果凍模子的對反。⑦

不過除了「有所求之愛」和「無所求之愛」這兩種禮物以外，上帝還賜給我們另一種更珍貴的禮物（由於人的心靈喜歡把事情細分，所以你也可以說是兩種）。

透過進入我們內心作工，上帝讓我們有機會分享到原屬祂所有的那種「無所求之愛」。這種「無所求之愛」和上帝植入我們天性之內的「無所求的愛」是不同的。為了加以區別，我把前者稱為屬天的「無所求之愛」，把後者稱為屬世的「無所求之愛」。屬世的「無所求的愛」雖然不吝於給予，但它的給予，並不以被愛者本身的價值觀為依歸，而是以自己的價值觀為依歸，它給予被愛者的，不是被愛者本人嚮往的東西，而是它覺得被愛者「應該」嚮往的東西。但屬天的「無所求之愛」則反是，它不以自己的立場為立場，而只求能給予被愛者他本人所嚮往的東西。另外，屬世的「無所求之愛」所愛的對象，多多少少本質上就有某些可愛之處，例如親人、愛人或志趣相投的朋友；但屬天的「無所求之愛」卻會愛那些本來不可愛的人，如麻瘋病患、罪犯、敵人、低能兒、驕傲的人或小心眼的人。最後——這是一個很大的弔詭——上帝還讓人把「無所求的愛」指向祂。當然，理論上，人不可能給上帝任何東西，因為沒有東西不是上帝所本具的。不過，由於人的意志和心思都有背向主的可能，所以，當人願意歸向主的時候，他也可以說是把自己的意志和心思「給予」了主。除此以外，我們基督徒還有一個途徑可以對主給予：讓每個飢寒的陌生人得溫飽，因為，每個飢寒的陌生人都是基督的化身。這些都是我們可以對主給予的辦法，儘管在做這些事情的時候，我們可能沒有意識到這一點。上帝有能力在那些不認識祂的人裡面作工。

這種屬天的「無所求之愛」就是聖經所說的「恩慈」，而我們這些凡夫俗骨之所以能夠體現恩慈，純然是主在我們內裡作工的結果，這一點，我相信不會有基督徒有異議。但我還要作些補充，而這些補充則不見得人人都會同意。在我看來，除恩慈以外，上帝還賜予我們另外兩種禮物：一是人對祂的屬天的「有所求之愛」，一是人對彼此的屬天的「有所求之愛」。

先看第一種。基於人的存在境遇使然，人與生俱來就會對上帝有所需要，並會因著這種需要而產生對上帝的「有所求之愛」。我把這種人與生俱來對上帝的「有所求之愛」稱為屬世的「有所求之愛」，因為，它是有保留的。

基督教要求信徒常常在主前說一些自貶的話，這些話，聽在外人耳裡，猶如是倭臣對君上所說的訣詞，也猶如是一個中國仕紳假惺惺的謙稱自己是個「粗鄙不文的人」。但在我看來，基督徒的自貶之語，是絕不可少的。它是一種不斷的自我更新，一種不斷的自我提醒：提醒自己不要誤解了自己與上帝的關係。很多人在信主不久以後，就會產生一種錯覺：上帝愛他，不是因為上帝就是愛，而是因為自己有什麼值得上帝愛的地方。像班揚（Bunya）就告訴我們⑧，在他第一次皈信主的時候，還以為「全英國沒有人比我更蒙主的喜悅。」異教徒更是深信，人會不會「為神所鍾愛」，端視乎他是不是個善人。我們基督徒由於一直受到耳提面命，自是不會以為上帝愛我們，是因為我們行善的緣故。但我們有更巧妙自抬身價的辦法。我們會在心裡暗想：上帝愛我們，當然不會是因為是我們擁有什麼美德，但是，不正是因為我們這樣謙卑——知道自己無所謂美德可言——上帝才會愛我們的嗎？如果這樣想還不能令我們安心的話，我們就會再想：如果上帝不是因為我們的謙卑而愛我們，那祂總會是因為我們能醒悟出自己其實還不夠謙卑而愛我們了吧？如是者我們愈探愈深，愈來愈就下，但不管我們怎樣低姿態，我們在最後都總會死命抓住某些自以為的優點不放。要我們嘴裡承認自己身上的光完全是來自太陽的照射，不是什麼難事，但要我們在心坎深處承認這一點，卻千難萬難：怎麼可能？我們身上怎麼可能連一點點——那怕再少——本有的光源都沒有？

由此可見，人對上帝與生俱來的需要，是一種猶抱琵琶半遮面的需要，因為它是一種不肯完全承認自己需要的需要。但上帝卻透過在我們內裡作工，把我們變成一個「快樂的乞丐」。一個完全為主所進入的人，會對自己那些衍生於罪性的需要感到汗顏，但卻會對自己那些衍生於人類有限性的需要以欣然的態度接受之。只要我們一日執著於自己擁有某些不是來自主的美善，我們就一日不會獲得真正的快樂。執著於自己擁有什麼內在價值的人，就像一個想戲水但卻又不肯鬆開腳跟的弄潮兒——他死命要踩在實土上（那怕只是用一個腳趾掂著也好），殊不知，只有放開腳跟，完全縱身在水的懷抱，他才可能真正享受到海水的翻騰之樂。只有徹底放棄我們對自由、力量和價值的所有權主張，自由、力量和價值才會真正為我們所有。

上帝除了會把人對祂原屬屬世的「有所求之愛」轉化為屬天的「有所求之愛」以外，還會把人對彼此原屬屬世的「有所求之愛」，轉化為屬天的「有所求之愛」。在現實生活中，我們不時——有些人更是經常——需要來自別人的慈愛（或恩慈）。**慈愛這種屬天之愛**（它是屬天的，因為它不是因為對方有值得愛的地方而愛），**雖然是我們所需要的，但卻不是我們所喜歡的**。我們喜歡的，是別人因為我們的聰明、俊美、慷慨或有用而愛我們。如果別人在對我們的愛中，隱含著恩慈的味道的話，往往會讓我們覺得難堪。所以，有些惡毒的人，會故意對他憎惡的人表現出恩慈，不為別的，就是為了想傷害對方。當一個人對想和他言歸於好的朋友或愛人說出像「我以基督徒的身分原諒你」這樣的話來的時候，他不啻是在對方的傷疤上撒鹽。他的「原諒」也不可能是衷心的。

要坦然接受別人的恩慈有多難，從一個很極端的事例就可以看出。假設你在新婚之後沒多久就得了某種頑疾，你變得行動不便、智力遲鈍、性情乖戾、樣子噁心，完全依賴妻子養活，又假設你太太始終無怨無悔地照顧你。這時候，你想你能夠坦然接受你妻子的照顧嗎？你能夠完全用感激而非仇視的心態去接受她的給予嗎？你會完全沒有猜疑嗎？你不會一再自怨自艾，為的就是要對方不斷向你保證她的忠誠嗎？很難。這是屬世的「有所求之愛」所無法辦到的事情。在這種情況下，受比施是一件來得要困難得多的事情，因此也可以說是一件更蒙福的事情。上述的例子雖然極端，但在現實生活的例子裡，太太對丈夫的那種態度卻並不罕見。試問，我們中間，誰沒有接受過別人的恩慈呢？而如果別人沒有用這樣的恩慈待我們，那麼他們不應該受到咎責，因為，只有可愛的東西合該得到屬世之愛的青睞。你又怎能要求一個人喜歡吃發霉的麵包或喜歡聽震耳欲聾的電鑽聲呢？但是，任何有著好父母、好配偶或好子女的人，都肯定在某些時候得到過別人的恩慈。而他們之所以會被愛，不是因為他們可愛，而是因為有主在愛他們的人之內裡作工。

由此可見，上帝不但會進入我們心中，轉化我們的「無所求之愛」，還會轉化我們的「有所求之愛」，不但會轉化我們對祂的「有所求之愛」，還會轉化我們對彼此的「有所求之愛」。不過，無論是在那一種情況下，屬天之愛都不會取屬世之愛而代之——它並不會把後者一腳踢走，像我們為了騰出地方來放黃金而把白銀移走那樣。屬世之愛在被召喚來職司恩慈之責的同時，它仍然被允許保留原來有的身分。

屬天之愛與屬世之愛的這種關係模式讓人聯想起「道成肉身」中道與肉身的關係模式；這種相似並不是偶然的，因為它們都是出自同一個作者的手筆。正如在基督身上，神性與人性是不悖的，同樣的，在被召喚來職司恩慈之責的屬世之愛身上，其屬天性格與屬世性格也是不悖的。**上帝降世為人，「並不是透過把神性轉為人性，而在於把人性帶入神性」**，同樣的，恩慈在以屬世之愛的形式出現時，也**不是把屬天之愛縮減為屬世之愛，而是把屬世之愛帶入屬天之愛中**。

這是怎樣發生的，大部分基督徒都應該不會陌生。所有人類用來表達屬世之愛的活動（罪除外），在某些時刻，都有可能被移用來表達屬天的「有所求之愛」或屬天的「無所求之愛」（兩者都是慈愛）。沒有一種人類活動，會因為太微不足道或太動物性而不適合被轉化為表達慈愛的媒介。一個遊戲、一個笑話、一番小酌、一席閒談、一次散步、一場歡愛——所有這些活動，都可以作為我們原諒別人或接受別人道歉的一種表示。屬天之愛在我們的性本能、飲食本能和休閒活動中，為它自己準備好了一個「肉身」。

但不要忘了我上述的話中有「在某些時刻」幾個字。要把屬世之愛完整而牢固地轉化為慈愛恩慈這一類的大愛，對我們這些被謫的凡夫來說是件太艱鉅的事情了，以致我很懷疑，從來有人曾經把它徹底的完成過。

把屬世之愛轉化為屬天之愛的其中一個難處，在於我們常常會過猶不及。我看過很多基督徒團體——或基督徒家庭——無論在言行上都極為熱衷於這種轉化，但結果卻適得其反。這些人會對任何雞毛蒜皮的小事都塗以一層神聖的色彩，會在毫無必要的情況下開口要求別人原諒。碰到這些人，你就會發現，和那些懂得用一頓晚餐、一個笑話或一段讓彼此冷靜的時間來化解芥蒂的人為友，是多麼的自在。包容和體諒應該是一件在祕密中進行的事情——祕密到連你自己都不知道的程度，祕密到連你的右手都不知道你的左手在做些什麼的程度。當小孩做了什麼讓你生氣的事情，你能用一場牌戲來作為你原諒他們的表示，那當然很好。不過還不夠好。恩慈應該是一種更沈潛、更不自覺的心態；也許，對讓你生氣的事情用一句開玩笑的話帶過去，會比一場牌戲更能體現出你的恩慈。

親友的不可愛常常會為我們的生活帶來苦惱。不過，在我看來，這種生活上的苦惱正是促使我們把屬世之愛轉化為大愛的契機。因為，碰到這些時候，除非我們是極度自我中心的人，否則，屬世之愛的侷限性和把屬世之愛轉化為大愛的必要性都是顯而易見的。如果我們真是非常自我中心的人的話，我們就會從親友身上的缺點推論出荒謬的結論來，例如：「如果我的小孩不會惹人生氣的話，我就能愛他們更多些。」（但又有那個小孩是不會惹人生氣的呢？更何況，大部分小孩又是以惹人生氣的時候居多的呢？）「如果我的丈夫能再體貼些，勤快些，我就能……」「如果我太太能少鬧情緒些，多講理些，少揮霍一點，我就能……」「如果我父親不是那麼固執和好溝通些，我就能……。」問題是，每個人都難免有些缺點，有需要別人包容和體諒的地方。正是我們親友這些不可愛之處，首次提供了契機，令（逼）我們不得不把自己對他們的屬世之愛提升為大愛（嚴格來說執行提升的人是上帝）。因此，親友的短處為我們帶來的苦惱，甚至可以說是主的恩賜。愈少這一類的苦惱，要轉化屬世之愛就愈顯得困難。當親友渾身都是缺點的時候，我們有培養自己包容之心的需要是顯而易見的；但當親友的言行舉止全都合乎我們意的時候，想要察覺出轉化的必要，我們就需要有一雙銳利得多的眼。聖經說「富人」難以進入天國，在此又可以多了一種解釋。⑨

不管要把屬世之愛轉化為屬天之愛有多難，我相信那都是一件非做不可的事；最少，那是任何想把他們的屬世之愛帶入天國的人所不可不做的事。我們中間大部分人都相信，我們可以把我們在人間建立的愛帶入天國。由於我們基督徒相信肉身可以復活，所以自然也會預期，我們的「大肉身」（greater body）——我們在人間所建立的一切愛的關係——將來也會和我們的肉身一起復活⑩。這是可能的，但有一個前提（這個前提不是上帝隨意定的，而是基於天國本身的性質使然）：沒有不是屬天的東西可以進入天國。「血與肉」都只是地上之物，它們不可能繼承上帝的王國。人可以進入天國，是因為基督為人而死，然後「活在我們裡面」。難道我們不應該認為，同樣的原理也適用於屬世之愛嗎？除非屬世之愛有屬天之愛「活在它裡面」，否則它不可能脫胎換骨，又除非屬世之愛仿效基督的死，否則它也不可能有屬天之愛「活在它裡面」。「屬世」這個字本身就暗示著易逝性。屬世之愛除非自願被「大愛」的永恆性所充滿，才可能指望進入永恆。這個轉化過程即使不能在此生充分完成，也必須從此生開始。這個過程意味著某種死，這是無可迴避的。**在我們對妻子或朋友的愛中，只有那經轉化而來的屬天之愛會是永恆的成分**。只有藉著這種成分，我們愛中的其他成分，才可望像我們的肉身一樣，從死裡復活。

神學家有時會問一個問題：**到了天國以後，我們還會和逝去的親友或愛人再續前緣嗎？**我們在地上所建立的那些愛的關係，還會持續嗎？我覺得，合理的回答是：「那要看你說的『愛的關係』是那一種而定。」可以肯定的說，你在地上愛過的人，不管你有多愛他們，只要你對他們的愛是徹頭徹尾的屬世之愛，那你在天國碰到他們的時候，就不會再對他們感到興趣。這情形和你在長大成人後重遇小學時代的死黨是一樣的：如果你們現在沒有共同的興趣、沒有共同的職業的話，那你們就和兩個完全的陌生人無多大差別。你們現在都不再玩彈珠遊戲了。你現在不需要他來教你法文，他也不需要你來教他數學了。在天國，任一種不曾被屬天之愛所浸染的人間愛都是不相干的。我的這種論調聽在那些因親友之逝而傷心欲絕的人耳裡，是很難接受的，但我仍不得不說它。

聖奧古斯丁說過：「我們是為你而生的，所以，在未回歸到你身邊以前⑪，我們的心不可能有真正的安寧。」這種話，如果你是在教堂內或是在四月的森林裡沈思默禱的時候所聽到，你會毫不為難地欣然接受，但如果它是你在垂死親友的病榻旁邊聽到，卻大有可能會把它視為嘲弄。

沒有錯，要人不去想像他將來能在天國與自己的摯愛再續前緣，共享永恆的福樂，是很困難事情，但我相信，這種想像包含著一些有害無益的成分。一旦我們把自己對天國的信仰寄託在與親人重聚這種目的上，我們信仰的強度就會轉弱。依我的經驗，**我生命中那些最強而有力的時刻，都是上帝位居我思想中心的時刻**。我因為相信祂的存在，所以也順理成章地相信天國的存在。不過，如果你一開始所相信的，是有朝一日會在天國和逝去的親友重逢，基於此才相信有天國的存在，又基於此才相信有上帝的存在，那上帝絕不可能會在你的生命裡紮根。人不是不可以想像，但有反省能力的人會知道想像終歸只是想像，而頭腦簡單的人卻會把想像實化，而當想像無法完全安慰他們哀傷的心靈的時候，他們就會轉而求助於其他旁門左道，例如通靈術。

拿地上的快樂來強求天國是枉然的。天國只能提供我們屬天的快樂，沒有別種快樂。不過，你也不要以為此世間就可以提供我們地上的快樂。嚴格來說，根本就沒有「地上的快樂」這回事，因為沒有一種地上的快樂是可以持久的。

人類最終可以在天國裡與逝去的摯愛再續前緣——這種夢不可能成真，除非我們所接受過的基督教義全是不實之詞。我們是為主而生的。我們地上的親友之所以能激起我們的愛，是因為他們在某一方面與上帝肖似：祂的美、祂的仁慈、祂的智慧或祂的善。愛他們愛得太多不會構成問題，會構成問題的是我們沒搞清楚自己真正在愛的到底是誰。我們不必置自己親愛而熟悉的親友於不顧，不必認為把愛贈與陌生人，才是蒙主喜悅的，因為到頭來，在我們得睹主的聖容的時候，將會發現，祂有著的，原來是一張我們熟悉的臉。祂是我們屬世之愛的支援者與推動者。所有的真愛，即使是地上的愛，都是屬祂者多，屬我們者少（它們會是屬我們的也是因為它們是屬主的）。在天國裡，我們將再也沒有必要對我們從前的親友背過臉來，因為，首先，我們在某種意義下業已對他們背過臉來了：我們已經從肖像回返到原型，已經從河水回返至源頭，已經從主所造的可愛之物回返至主自身。其次則是因為，我們現在對他們的愛，已是寓於主中的愛；而既然我們現在愛主更多，愛他們自然也就更多。

不過，這種發生在遙遠的「三一之國」的事情，對仍居住在流放地、涕淚谷的我們來說⑫，是件難明的事。在我們看來，親友之逝所唯一意味的，就是永遠的拆散。不過，這種拆散有其積極的意義存在，因為它可逼使我們去正視一個事實：唯主是我們的真愛。這也是為什麼，在面對親友之逝的時候，無信仰者會比我們基督徒還要來得好過些的原因。因為他們大可握著拳頭，對天咆哮，或寫一些類似豪斯曼(Houseman)或哈代(Hardy)所寫的悼亡詩，來宣洩哀傷。但我們基督徒卻不容許這樣做。即使處於親友之逝的極低潮，當那怕最細小的要求都是一種苛求的時候，我們基督徒仍被要求去做一件我們幾乎做不到的事情：承認我們逝去的摯愛不是我們的真愛。

「愛主是一件容易的事嗎？」一位古早的作家曾經這樣問。他自己的回答是：「對那些愛主的人來說，容易。」我在以上介紹了兩種上帝贈與人的禮物，不過上帝所能贈與人的，還有第三種禮物。祂可以在人的內心喚起一種對祂的屬天的「激賞之愛」。這是所有禮物中最值得嚮往的一種。是這種愛，而非我們的世間愛，也非道德倫理，寄託著全體人類與天使生活的核心。有了這種愛，就沒有什麼成不了的事。

不過，要探討這種愛，有待一個更好的作者和一本更好的書；至於我自己這本，必須至此打住。我不敢去談這種愛，因為我到底有沒有嘗過它的滋味，只有上帝知道，我自己並沒有把握。也許，我只是自以為嘗到過罷了。人的想像力易於使他誤以為自己已經達到他尚未達到的境界。當一個人意識到自己是在做夢的時候，他當然已經脫離了真正的熟睡狀態。不過，如果你想知道完全清醒是怎樣一回事，就應該請教一個比我更勝任的人。

註釋：

①英里亞克（1885～1970）：法國小說家，一九五二年諾貝爾文學獎得主。

②《路加福音》記載，耶穌曾對門徒表示：「人到我這裡來，若不恨自己的父母、妻子、兒女、弟兄、姊妹和自己的性命，就不能作我的門徒。」聖經並未記載除猶大外，其他門徒對這個訓誡感到困擾一事，這只是莫里亞克的小說家想像力的產物。（又按，現行聖經的標準中譯本把「若不恨自己的父母」一句譯作「若不愛我勝過愛自己的父母」，這可能是擔心「恨」這個字易於引起誤解的緣故；有關「恨」這個字在本節經文中的恰當解釋，作者在下文有專門的討論。）

③與註②的經文是同一段。

④指耶穌。

⑤此句脫胎自《新約・約翰一書》四章二十節：「〔人若〕不愛他所看見的弟兄，就不能愛沒有看見的上帝。」

⑥聖經記載，有一次，耶穌向眾門徒預言自己將會在耶路撒冷被殺。彼得聽說這話，就拉著耶穌，勸他不要去送死。耶穌斥責他說：「撒旦，退我後邊去吧。你是絆我的腳的。因為你不體貼上帝的意思，只體貼人的意思。」

⑦用果凍模子做出來的果凍，它的凹凸恰與果凍模子上的凹凸部位相反，故果凍與果凍模子的對反，可稱為一種對應性的對反。

⑧《天路歷程》一書作者。

⑨聖經曾說富人想要進入天國，比駱駝想要穿過針眼還要困難，作者此處的意思是，那些父慈子孝、配偶體貼的人，因為生活沒有欠缺，因此也可以被稱為「富人」；而由於這一類人較難把屬世之愛提升為屬天之愛（因為缺乏動力），因此聖經富人難於進入天國之說也適用在他們身上。

⑩指很多基督徒除相信人死後可升天以外，還相信人死後可以在天國與親友及愛人再續前緣。

⑪指死亡。

⑫「三一之國」指天國，流放地和涕淚谷都指此世間。

內容簡介

英國牛津學者 C. S. Lewis 用靈魂寫成的一本書

英國知名學者、作家及神學家C. S.魯易斯（C. S. Lewis, 1898-1963）晚年的重要著作《四種愛》，是一本用他的靈魂寫成的書，這本他最廣爲大衆捧讀的著作，也是魯易斯自身經歷與愛的見證。魯易斯與喬伊深摯的愛情故事，眞實詳盡的記錄於《影子大地》一書（立緖文化出版）。一九六〇年魯易斯出版《四種愛》，當時他正深情陪伴病重的靈魂伴侶喬伊，他對恆久騷動著人類的課題：愛是什麼？予以了全新的闡發。

愛（love），希臘字原本分爲四種：storge，親愛之情（affection），philia，朋友之愛（friendship），eros，戀人之愛（sexual or romantic love），以及 agape，無私的愛（selfless love）。

魯易斯挾其一貫的洞察力、幽默感與銳利，在《四種愛》中對各種人類的愛加以歸類，並深入分析它們的本質。

他把發生於父母與子女、人與鄰居、人與動物之間的感情稱爲親愛之情。也是各種愛中「最沒有歧視性的一種」。

至於情愛，性與愛的複合體，則雖然可以點燃人無私的犧牲奉獻精神，但它同樣潛伏著可以叫人走向自毀的因子。

友愛是各種人類愛中「最不動物性」、最超塵絕俗的一種，儘管如此，友愛仍不免會挾帶著不良的副作用：它會唆使一群朋友走向孤芳自賞、目空一切。

每一種愛都能爲人帶來歡愉，但稍一不慎，恨就會接踵而至。

在魯易斯看來，親愛、友愛、情愛這三種人類愛，如果少了第四種愛——大愛——的扶持，將無法結出甜美的果實。儘管沒有一種人類愛不潛伏著讓人走火入魔的危險，魯易斯仍然不鼓勵我們吝於去愛，因爲「除天堂外，能讓人完全不用冒愛之風險的所在，唯有地獄。」

作者

C. S. Lewis

英國著名學者及作家。一八九八年生於愛爾蘭的貝爾法斯特，一九一八年入牛津大學專攻古典文學，一九二五年至一九五四年在牛津馬格達倫（Magdalen）學院任研究員。一九五四年至一九六三年間，任劍橋大學「中世紀暨文藝復興時期英國文學講座」教授。無論教學或創作，皆以機智、博學、想像力及以精確的表達能力著稱。一九六三年卒於英格蘭的牛津。

魯氏著作等身，以《愛的隱喻》（1936）一書享譽學界。其他重要的學術作品包括《失樂園導讀》（*A Preface to Paradise Lost, 1942*）、《十六世紀英國文學》（1954），以及《摒棄的意象：中世紀與文藝復興英國文學導讀》（*The Discarded Image : An Introduction to Medieval and Renaissance Literature*, 1964）。

除爲數不少探討基督教義的著作外，還先後出版過一組科幻三部曲：《來自沈默的行星》（*Out of the Silent Planet*, 1938）、《佩利蘭德拉》（*Perelandra*, 1943）以及《那駭人的威力》

（*That Hideous Strength*, 1945）、三卷詩作、一部小說和多部文學批評論著。

他也是深受喜愛的兒童故事集經典之作《納尼亞魔法王國》的作者。其他還有一系列兒童讀物《馬兒與馬童》（*The Horse and His Boy*, 1945），《魔術師的外甥》（*The Magician's Nephew*, 1955），《最後一戰》（*The Last Battle*, 1956）等書。

譯者

梁永安

台灣大學文化人類學學士、哲學碩士。曾譯有《孤獨》、《四種愛》、《Rumi：在春天走進果園》、《永恆的哲學》、《耶穌行蹤成謎的歲月》、《隱士》、《英雄的旅程》、《在智慧的暗處》、《下一個基督王國》》、《史尼茨勒的世紀》等（皆立緒文化出版）。

校對

刁筱華

文字、文化工作者，除曾發表多篇論述外，亦有多部譯著出版。

立緒文化全書目 - 1

序號	書名	售價	訂購
政治與社會			
A0001	民族國家的終結	300	
D0070	信任：社會德性與經濟繁榮	390	
D0039-2	大棋盤	350	
A0008	資本主義的未來	350	
A0009-1	新太平洋時代	300	
A0010	中國新霸權	230	
CC0047-1	群眾運動聖經	280	
CC0048	族群	320	
CC0049	王丹訪談	250	
D0003-1	改變中的全球秩序	320	
D0027	知識份子	220	
D0013	台灣社會典範的轉移	280	
D0015	親愛的總統先生	250	
CC0004	家庭論	450	
CC0019	衝突與和解	160	
啟蒙學叢書			
B0001-1	榮格	250	
B0002	凱因斯	195	
B0003-1	女性主義	250	
B0004-1	弗洛依德	250	
B0006	法西斯主義	195	
B0007-1	後現代主義	250	
B0009-1	馬克思	250	
B0010	卡夫卡	195	
B0011	遺傳學	195	
B0013	畢卡索	195	
B0014	黑格爾	195	
啟蒙學叢書			
B0015	馬基維里	195	
B0019	喬哀思	195	
B0021	康德	195	
B0023-1	文化研究	250	
B0024-1	後女性主義	250	
B0025-1	尼釆	250	
B0026	柏拉圖	195	
生活哲思			
CA0002	孤獨	350	
CA0012-1	隱士（第二版）	360	
CA0005-2	四種愛：親愛·友愛·情愛·大愛	250	
CA0006	情緒療癒	280	
CA0007-1	靈魂筆記	400	
CA0008-1	孤獨的誘惑	280	
CA0023-1	克里希那穆提：最初與最後的自由	310	
CA0011-1	內在英雄	350	
CA0015-1	長生西藏	230	
CA0017	運動	300	
CC0013-1	生活的學問	250	
CB0003	坎伯生活美學	360	
CC0001-1	簡樸	250	
CC0003-1	靜觀潮落	450	
CI0001-3	美好生活	400	
CC0024-1	小即是美	350	
CC0025-1	少即是多	390	
CC0039	王蒙自述-我的人生哲學	280	

立緒文化全書目 - 2

序號	書名	售價	訂購
心理			
CA0001	導讀榮格	230	
CG0001-1	人及其象徵:榮格思想精華	390	
CG0002-1	榮格心靈地圖	320	
CG0003-1	大夢兩千天	360	
CG0004	夢的智慧	320	
CG0005-2	榮格・占星學	380	
CA0013-2	自由與命運	360	
CA0014-1	愛與意志	420	
CA0016-2	創造的勇氣	230	
CA0019-1	哭喊神話	380	
CA0020-1	權利與無知	350	
CA0021-1	焦慮的意義	420	
CA0022	邱吉爾的黑狗	380	
宗教·神話			
CB0001-1	神話的力量	390	
CB0002-2	神話的智慧	390	
CB0004	千面英雄	420	
CB0005-2	英雄的旅程	420	
CD0007-2	神的歷史	460	
CD0016-1	人的宗教：人類偉大的智慧傳統	400	
CD0019-1	宗教經驗之種種	499	
CD0028	人的宗教向度	480	
CD0022-1	上帝一直在搬家	380	
CD0001-1	跨越希望的門檻(精)	350	
CD0008	教宗的智慧	200	
CD0004-1	德蕾莎修女：一條簡單的道路	210	
CD0009-2	活的佛陀，活的基督	280	

序號	書名	售價	訂購
宗教·神話			
CD0010	心靈的殿堂	350	
CD0011	法輪常轉	360	
CD0014	宗教與神話論集	420	
CD0017	近代日本人的宗教意識	250	
CD0018-2	耶穌行蹤成謎的歲月	360	
D0011	全球倫理與宗教對話	250	
E0008	天啓與救贖	360	
E0011	宗教道德與幸福弔詭	230	
CD0034-1	達賴喇嘛說喜樂與開悟	300	
CD0023-2	達賴喇嘛說般若智慧之道	320	
CD0024-1	達賴喇嘛在哈佛：論四聖諦、輪迴和敵人	320	
CD0025-1	達賴喇嘛說幸福之道	300	
CD0026-1	一行禪師 馴服內在之虎	200	
CD0027-2	曼陀羅：時輪金剛沙壇城	380	
CD0005-1	達賴喇嘛說慈悲帶來轉變	280	
CD0002	生命之不可思議	230	
CD0013-1	藏傳佛教世界：西藏佛教的哲學與實踐	250	
CA0018	意識的歧路	260	
哲學			
CK0006-1	真理的意義	290	
CJ0003	科學與現代世界	250	
E0002	辯證的行旅	280	
E0009	空性與現代性	320	
E0010	科學哲學與創造力	260	
CK0001-1	我思故我笑(第二版)	199	
CK0002	愛上哲學	350	
CK0004	在智慧的暗處	250	

立緒文化全書目 - 3

序號	書名	售價	訂購	序號	書名	售價	訂購
哲學				**文學·美學**			
CK0005-1	閒暇:一種靈魂的狀態	280		CE0002	創造的狂狷	350	
CC0020-1	靈知天使夢境	250		CE0003	苦澀的美感	350	
CC0021-1	永恆的哲學	300		CE0004	大師的心靈	480	
CC0022	孤兒.女神.負面書寫	400		CE0006	批判西潮五十年	780	
CC0023	烏托邦之後	350		CE0007	什麼是幸福	650	
CC0026-1	愛情的正常性混亂:一場浪漫的社會謀反	380		CE0008	矯情的武陵人	760	
CC0041	心靈轉向	260		CE0009	珍貴與卑賤	550	
CC0030	反革命與反叛	260		E0006	戲曲源流新論	300	
文學·美學				**文化與人類**			
CC0043	影子大地	290		CC0010-1	當代文化大論辯	450	
CC0035	藍:一段哲學的思緒	250		CC0040-1	近代日本的百年情結：日本人論	450	
CA0003-2	魯米詩篇：在春天走進果園	390		CC0016	東方主義	450	
CC0029-1	非理性的人:存在主義研究經典	380		CC0027	鄉關何處	350	
CC0015-1	深河(第二版)	320		CC0028	文化與帝國主義	460	
CC0031-1	沉默(電影版)	350		CC0044-1	文化與抵抗	350	
CC0103	武士	390		CC0032-2	遮蔽的伊斯蘭	380	
CC0002	大時代	350		CC0045-1	海盜與皇帝	350	
CC0051	卡夫卡的沉思	250		D0023-1	遠離煙硝	330	
CC0050	中國文學新境界	350		CC0036	威瑪文化	340	
CC0033	在文學徬徨的年代	230		CC0046	歷史學家三堂小說課	250	
CC0017	靠岸航行	180		D0026	荻島靜夫日記	320	
CC0018	島嶼巡航	130		CC054-2	逃避主義:從恐懼到創造	380	
CC0012-2	反美學	360		CD0020-1	巫士詩人神話	320	
CC0011-2	西方正典(全二冊)	720		CC0052	印第安人的誦歌	320	
CC0053	俄羅斯美術隨筆	430		CH0001	田野圖像	350	
CC0037-2	給未來的藝術家(2017增訂新版)	380		D0009-2	在思想經典的國度中旅行	299	
CE0001	孤獨的滋味	320		D0012-1	速寫西方人文經典	299	

序號	書名	售價	訂購	序號	書名	售價	訂購
文化與人類				**歷史·傳記**			
CC0008	文化的視野	210		CF0020	林長民、林徽因	350	
CC0009-3	生命的學問十二講	320		CF0024	百年家族-李鴻章	360	
CC0055-2	向法西斯靠攏	480		CF0025	李鴻章傳	220	
D0025-1	綠色經濟：綠色全球宣言	380		CF0026	錢幣大王--馬定祥傳奇	390	
D0028-1	保守主義經典閱讀	400		CF0003-1	毛澤東的性格與命運	300	
CC0096	道家思想經典文論	380		CF0013-1	毛澤東與文化大革命	350	
E0004	文化的生活與生活的文化	300		CF0005	記者：黃肇珩	360	
E0005	框架內外	380		CF0008	自由主義思想大師：以撒·柏林傳	400	
歷史·傳記				CF0021	弗洛依德(1)	360	
CC0038	天才狂人與死亡之謎	390		CF0022	弗洛依德(2)	390	
CC0034-2	上癮五百年	350		CF0023	弗洛依德(3)	490	
CC0042	史尼茨勒的世紀	390		**人文行旅**			
CK0003	墮落時代	280		T0001	藏地牛皮書	499	
CF0001	百年家族-張愛玲	350		T0002	百年遊記（I）	290	
CF0002	百年家族-曾國藩	300		T0003	百年遊記（II）	290	
CF0004	百年家族-胡適傳	400		T0004	上海洋樓滄桑	350	
CF0007	百年家族-盛宣懷	320		T0005	我的父親母親（父）	290	
CF0009	百年家族-顧維鈞	330		T0006	我的父親母親（母）	290	
CF0010	百年家族-梅蘭芳	350		T0007	新疆盛宴	420	
CF0011	百年家族-袁世凱	350		T0008	海德堡的歲月	300	
CF0012	百年家族-張學良	350		T0009	沒有記憶的城市	320	
CF0014	百年家族-梁啓超	320		T0010	柏林人文漫步	300	
CF0015	百年家族-李叔同	330		**經典解讀**			
CF0016	梁啓超和他的兒女們	320		D0001-1	論語解讀(平)	420	
CF0017	百年家族-徐志摩	350		D0016-1	老子解讀(平)	300	
CF0018	百年家族-康有爲	320		D0017-1	孟子解讀(平)	380	
CF0019	百年家族-錢穆	350		D0014-1	莊子解讀(平)	499	

序號	書名	售價	訂購
D0018-2	傅佩榮解讀易經	620	
D0057	大學・中庸解讀	280	
D0096	傅佩榮宗教哲學十四講	460	
D0097	傅佩榮先秦儒家哲學十六講	520	
D0101	傅佩榮周易哲學十五講	580	
D0102	傅佩榮論語、孟子、易經二十四講	350	
D0104	人性向善論發微	480	
D0106	傅佩榮講道德經	620	
D0006	莊子(黃明堅解讀)	390	
大學堂系列			
D0010	品格的力量(完整版)	320	
D0047	品格的力量(精華版)	190	
D0002-1	哈佛名師的35堂課	380	
F0001	大學精神	280	
F0002	老北大的故事	295	
F0003	紫色清華	295	
F0004-1	哈佛名師教你如何讀大學	300	
F0005	哥大與現代中國	320	
F0006-2	百年大學演講精華	380	
F0007-1	大師與門徒：哈佛諾頓講座	250	
分享系列			
S0001-2	115歲，有愛不老	280	
S0002	18歲，無解	150	
S0003	小飯桶與小飯囚	250	
S0004	藍約翰	250	
S0005	和平:諾貝爾和平獎得主的故事	260	
S0006	一扇門打開的聲音—我為什麼當老師	300	

訂購人：＿＿＿＿＿＿＿＿

寄送地址：

□□□

聯絡電話:（請詳填可聯繫方式）

(O) ＿＿＿＿＿＿＿＿

(H) ＿＿＿＿＿＿＿＿

手機 ＿＿＿＿＿＿＿＿

發票方式：

□ 抬頭：＿＿＿＿＿＿＿＿

□（二聯） □（三聯） ＿＿＿＿＿＿＿＿

統 一 編 號

訂購金額：＿＿＿＿＿＿＿＿元

郵資費：

□免／□ 元（未滿1500元者另加）

應付總金額：＿＿＿＿＿＿＿＿元

訂購備註：

（訂購單請連同劃撥收據一起傳真）

訂購請洽：立緒文化事業有限公司

電話：02-22192173 傳真：02-22194998

地址：231新北市新店區中央新村六街62號

國家圖書館出版品預行編目(CIP) 資料

四種愛：親愛・友愛・情愛・大愛 / C. S. 魯易斯 (C. S. Lewis)著；梁永安譯 --三版 -- 新北市:立緒文化事業有限公司, 民110.11
面；　公分. -- (新世紀叢書)
譯自：The four loves

ISBN 978-986-360-201-9(平裝)

1.愛 2.基督徒

244.9　　111017399

四種愛：親愛・友愛・情愛・大愛（2022年版）

The Four Loves

出版——立緒文化事業有限公司（於中華民國84年元月由郝碧蓮、鍾惠民創辦）
作者——C. S. 魯易斯（C. S. Lewis）
譯者——梁永安

發行人——郝碧蓮
顧問——鍾惠民

地址——新北市新店區中央六街62號1樓
電話——(02) 2219-2173
傳真——(02) 2219-4998
E-mail Address —— service@ncp.com.tw
劃撥帳號——1839142-0號 立緒文化事業有限公司帳戶
行政院新聞局局版臺業字第6426號

總經銷——大和書報圖書股份有限公司
電話——(02) 8990-2588
傳真——(02) 2290-1658
地址——新北市新莊區五工五路2號
排版——文盛電腦排版有限公司
印刷——尖端數位印刷股份有限公司

法律顧問——敦旭法律事務所吳展旭律師

分類號碼——244.9
ISBN —— 978-986-360-201-9
出版日期——中華民國87年5月～99年8月初版　一～十一刷（1～17,500）
中華民國101年4月～108年10月二版　一～八刷（1～5,500）
中華民國111年11月三版 一刷（1～800）

定價◎250元（平裝）

立緒文化事業有限公司　信用卡申購單

■信用卡資料

信用卡別（請勾選下列任何一種）

□VISA　□MASTER CARD　□JCB　□聯合信用卡

卡號：＿＿＿＿＿＿＿＿＿＿＿＿＿＿＿＿

信用卡有效期限：＿＿＿＿年＿＿＿＿月

訂購總金額：＿＿＿＿＿＿＿＿＿＿＿＿＿＿

持卡人簽名：＿＿＿＿＿＿＿＿＿＿＿＿＿＿（與信用卡簽名同）

訂購日期：＿＿＿＿年＿＿＿＿月＿＿＿＿日

所持信用卡銀行＿＿＿＿＿＿＿＿＿＿＿＿＿＿

授權號碼：＿＿＿＿＿＿＿＿＿＿＿＿（請勿填寫）

■訂購人姓名：＿＿＿＿＿＿＿＿＿＿＿＿＿性別：□男□女

出生日期：＿＿＿＿年＿＿＿＿月＿＿＿＿日

學歷：□大學以上□大專□高中職□國中

電話：＿＿＿＿＿＿＿＿＿＿＿＿　職業：＿＿＿＿＿＿＿＿＿＿＿＿

寄書地址：□□□

＿＿＿＿＿＿＿＿＿＿＿＿＿＿＿＿＿＿＿＿＿＿＿＿＿＿＿＿＿＿

■開立三聯式發票：□需要　□不需要（以下免填）

發票抬頭：＿＿＿＿＿＿＿＿＿＿＿＿＿＿＿＿

統一編號：＿＿＿＿＿＿＿＿＿＿＿＿＿＿＿＿

發票地址：＿＿＿＿＿＿＿＿＿＿＿＿＿＿＿＿

■訂購書目：

書名：＿＿＿＿＿＿、＿＿＿本。書名：＿＿＿＿＿＿、＿＿＿本。

書名：＿＿＿＿＿＿、＿＿＿本。書名：＿＿＿＿＿＿、＿＿＿本。

書名：＿＿＿＿＿＿、＿＿＿本。書名：＿＿＿＿＿＿、＿＿＿本。

共＿＿＿＿＿本，總金額＿＿＿＿＿＿＿＿＿＿＿元。

⊙請詳細填寫後，影印放大傳真或郵寄至本公司，傳真電話：(02)2219-4998

年度好書在立緒

文化與抵抗
● 2004年聯合報讀書人最佳書獎

威瑪文化
● 2003年聯合報讀書人最佳書獎

在文學徬徨的年代
● 2002年中央日報十大好書獎

上癮五百年
● 2002年中央日報十大好書獎

遮蔽的伊斯蘭
● 2002年聯合報讀書人最佳書獎
● News98張大春泡新聞2002年好書推薦

弗洛依德傳
（弗洛依德傳共三冊）
● 2002年聯合報讀書人最佳書獎

以撒・柏林傳
● 2001年中央日報十大好書獎

宗教經驗之種種
● 2001年博客來網路書店年度十大選書

文化與帝國主義
● 2001年聯合報讀書人最佳書獎

鄉關何處
● 2000年聯合報讀書人最佳書獎

● 2000年中央日報十大好書獎

東方主義
● 1999年聯合報讀書人最佳書獎

航向愛爾蘭
● 1999年聯合報讀書人最佳書獎
● 1999年中央日報十大好書獎

深河(第二版)
● 1999年中國時報開卷十大好書獎

田野圖像
● 1999年聯合報讀書人最佳書獎
● 1999年中央日報十大好書獎

西方正典(全二冊)
● 1998年聯合報讀書人最佳書獎

神話的力量
● 1995年聯合報讀書人最佳書獎

大都文化 閱讀卡

姓　名：

地　址：□□□

電　話：(　　)　　　　傳 眞：(　　)

E-mail：

您購買的書名：＿＿＿＿＿＿＿＿＿＿＿＿＿＿＿＿＿＿＿＿

購書書店：＿＿＿＿＿＿市（縣）＿＿＿＿＿＿＿＿＿書店

■您習慣以何種方式購書？

□逛書店 □劃撥郵購 □電話訂購 □傳真訂購 □銷售人員推薦
□團體訂購 □網路訂購 □讀書會 □演講活動 □其他＿＿＿＿

■您從何處得知本書消息？

□書店 □報章雜誌 □廣播節目 □電視節目 □銷售人員推薦
□師友介紹 □廣告信函 □書訊 □網路 □其他＿＿＿＿＿＿

■您的基本資料：

性別：□男 □女　婚姻：□已婚 □未婚　年齡：民國＿＿＿年次

職業：□製造業 □銷售業 □金融業 □資訊業 □學生
□大眾傳播 □自由業 □服務業 □軍警 □公 □教 □家管
□其他＿＿＿＿＿＿＿＿＿＿＿＿＿＿＿

教育程度：□高中以下 □專科 □大學 □研究所及以上

建議事項：

愛戀智慧 閱讀大師

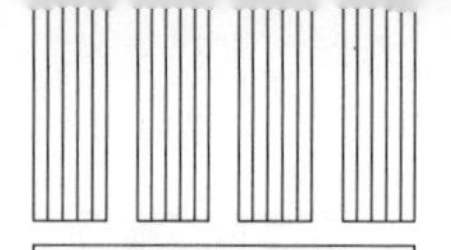

廣　告　回　信
北區郵政管理局登記證 北臺字8448號
免　貼　郵　票

立緒文化事業有限公司　收

新北市 2 3 1

新店區中央六街62號一樓

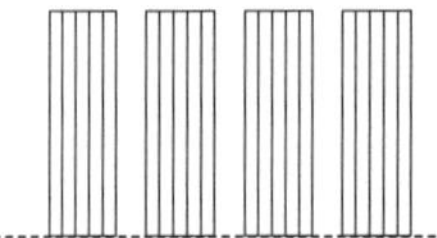

請沿虛線摺下裝訂，謝謝！

感謝您購買立緒文化的書籍

為提供讀者更好的服務，現在填妥各項資訊，寄回閱讀卡（免貼郵票），或者歡迎上網http://www.facebook.com/ncp231即可收到最新書訊及不定期優惠訊息。